당신 참— 매력 있다

셀프헬프
self·help
시리즈⑪

"나다움을 찾아가는 힘"

사람들은 흔히, 지금의 내가 어제의 나와 같은 사람이라고 생각한다. 이것만큼 큰 착각이 또 있을까?
사람은 매 순간 달라진다. 1분이 지나면 1분의 변화가, 1시간이 지나면 1시간의 변화가 쌓이는 게 사람
이다. 보고 듣고 냄새 맡고 말하고 만지고 느끼면서 사람의 몸과 마음은 수시로 변한다. 그러니까 오늘
의 나는 어제의 나와는 전혀 다른 사람이다. 셀프헬프self·help 시리즈를 통해 매 순간 새로워지는
나 자신을 발견하길 바란다.

품격을 높이는 관계의 연습

당신 참 매력 있다

초판 1쇄 발행 | 2019년 8월 2일
초판 2쇄 발행 | 2019년 8월 31일

지은이 | 송인옥
발행인 | 김태영
발행처 | 도서출판 씽크스마트
주   소 | 서울특별시 마포구 토정로 222 (신수동) 한국출판콘텐츠센터 401호
전   화 | 02-323-5609·070-8836-8837
팩   스 | 02-337-5608

ISBN 978-89-6529-212-8 03320

• 잘못된 책은 구입한 서점에서 바꿔 드립니다.
• 이 책의 내용, 디자인, 이미지, 사진, 편집구성 등을 전체 또는 일부분이라도 사용할 때에는
  저자와 발행처 양쪽의 서면으로 된 동의서가 필요합니다.
• 도서출판 〈사이다〉는 사람의 가치를 밝히며 서로가 서로의 삶을 세워주는 세상을 만드는 데 기여하고자 출범한,
  도서출판 씽크스마트의 임프린트입니다.
• 원고 | kty0651@hanmail.net
• 페이스북 | www.facebook.com/thinksmart2009
• 블로그 | blog.naver.com/ts0651

이 도서의 국립중앙도서관 출판예정도서목록(CIP)은 서지정보유통지원시스템 홈페이지(http://seoji.nl.go.kr)와
국가자료공동목록시스템(http://www.nl.go.kr/kolisnet)에서 이용하실 수 있습니다.(CIP제어번호: CIP2019025583)

씽크스마트 • 더 큰 세상으로 통하는 길
도서출판 사이다 • 사람과 사람을 이어주는 다리

당신 참—
매력 있다

품격을 높이는
관계의 연습

송인옥 지음

사이다
사람과사람을
이어주는다리

중소기업 경영이 날로 어려워지고 있습니다. 이런 때일수록 경영자의 처신과 이미지가 중요합니다. 경영자의 말과 행동 하나가 수백억대의 돈이 생기게도 하고 사라지게도 하기 때문입니다. '오너 리스크'라는 말이 그래서 생겼다고 봅니다.

이 책은 즐거운 인간관계를 만들며 경영자로서 매력을 높이고 경쟁력을 강화시키는 리더 브랜딩, 리더의 품격, 소통, 처신 부분을 광범위하게 다루고 있습니다. 다양한 분야의 사람들이 어떻게 하면 매력적인 사람으로 거듭날 수 있을지 알려주는 교과서입니다. 책의 첫 장을 펼치는 순간, 여러분은 매력 전도사의 열정에 도취될 것입니다.

__ 중소기업융합중앙회 회장 **강승구**

스피치를 잘하고 싶은 건 많은 사람들의 큰 바람 중 하나입니다. 제 흰머리 숫자에 비례해서 늘어난 인사말, 건배사, 강의로 받는 스트레스는 저에게만 국한되는 것은 아닐 듯합니다. 제가 공공기관의 울산 기관장이던 시절에 고객 만족 교육의 외부강사로 초빙된 송 원장님을 처음 만났는데 딱딱한 주제를 너무나 재미있게 풀어가는 능력가였습니다. 그래서 연구원장 시절에도 다양한 주제로 초빙 강의를 들었는데 감정표현이 별로 없는 연구원들도 좋아했던 기억이 납니다.

"매력 있는 사람이 스피치를 잘하는 게 아니라 스피치를 잘하는 사람이 매력적이다."라는 말이 있지요. 어느 모임에서 연사에게 "어쩜 그렇게 말씀을 잘하시냐?"라고 물어봤다가 무안해진 적이 있습니다. 본인이 사전에 얼마나 준비를 철저히 하는지 모를 거라고 하셨습니다.

멋진 말 한 마디가 필요한 모든 분께 이 책을 권해드립니다. 이 한 권의 책이 스피치로 인한 스트레스 해소에 도움이 되길 기대해 봅니다.

__ 전 산업안전보건연구원장, 현 연세대학교 교수 **권혁면**

성악가에게는 타인에게 보이는 이미지가 매우 중요하다. 성악은 무대 예술이기에 노래만 잘하는 데 그치지 않고 관객에게 자기만의 개성을 잘 연출해 매력적으로 보여주어야 한다. 이 책에는 평소 궁금했던 것에 대한 답이 들어 있었다. 이 책 한 권이면 누구를 만나든, 어떤 무대에 서든, 어떤 일을 하든 매력적인 사람으로서 크게 어필할 수 있다는 자신감이 든다. 사람은 저마다 꿈에 그리는 '무대'가 있다. 그곳에 당당히 서서 자신만의 노래를 울려 퍼지게 하고 싶어 한다. 이 책의 매력 비법이 당신을 '꿈의 무대'로 인도해 줄 것이라 믿는다.

__ 성악가 바리톤 **김동규**

많은 사람들이 성공하기 위해서, 꿈을 이루기 위해서 나름대로 열심히 노력한다. 그러나 무엇이 진정한 성공이고 행복인지는 알지 못하는 경우가 많다. 또한 다른 사람에게서 인정과 존경을 받고 싶어 하지만 진정성이 부족하여 외면당하는 경우가 허다하다. 책을 출간하는 일은 자신의 거울을 만드는 작업이기에 더더욱 두려울 것이다.

내가 지켜본 송인옥 강사는 20년 이상을 강의하면서 온갖 수모를 견디며 경험을 쌓아온 베테랑 강사다. 땅속에서 오랜 세월 준비한 대나무처럼 나온 이 책~!

"This is a must-read book!"

__ 국제교류발전협회 회장 **문용조**

오래 보아야 예쁘고 자세히 보아야 사랑스럽다는 시가 있다. 이 책에 오롯이 녹아 있는 송인옥 대표의 뜨거운 열정과 노력 또한 그러하다. 그녀의 이야기에는 경쟁을 두려워하지 않는 승부사 기질과 도전을 즐기며 희망을 만들어 가는 개척자의 긍정 에너지가 넘친다. 그래서 송 대표의 말과 글에는 진솔한 힘과 향기로운 매력이 있다.

혼돈의 시기다. 자기 주도적 삶에 목마른 때다. 나는 나의 삶을 살고 있는가? 누군가의 삶을 살고 있지는 않은가? 어제와 다른 오늘, 오늘보다 나은 내일을 희망하는, 미래를 꿈꾸는 체인지 메이커들에게 힘이 되는 특별한 인연 맺기를 권한다.

_ 한국산업단지공단 울산지역본부장 **박동철**

매력은 사람을 빛나게 한다. 사람마다 가진 매력은 셀 수 없을 만큼 종류가 많고 나이와 성별에 따라서도 다르다. 그러므로 타고난 매력이 있다면 축복받을 일이지만 매력을 타고나지 않아도 좋다. 후천적인 노력으로 자신만의 매력을 만들어 가면 된다. 노력하여 얻은 매력은 사람들과의 인연을 만들어 내고 기회와 성공의 길을 여는 훌륭한 비즈니스 스킬이 된다.

저자가 20년 동안의 강연과 수많은 사람들과의 관계를 통해 찾아낸 매력의 힘은 당신의 삶과 비즈니스를 매력적으로 변화시켜줄 것이다.

_ (주)고려아연 전무이사 **백순흠**

나이 오십이 넘어서 송인옥 선생님에게서 "삶의 현장교육"을 배운 덕에 공사생활의 실수를 최소화했을 뿐만 아니라, 상사 및 부하직원과 서로 이해하고 화합할 수 있었습니다. 특히 공직생활 중에 만난 다양한 분들에게 큰 결례 없이 정성스럽게 섬기는 자세를 잃지 않아서 공직생활을 성공적으로 마칠 수 있었습니다.

지금 우리 사회는 너와 나, 내편과 네 편으로 나뉘어 대화가 끊어지고 소통이 부족하며, 분열과 갈등이 심화되고 있습니다. 나라를 이끌어갈 정치 지도자들조차 국민을 제대로 돌보거나 함께 잘사는 길로 나아가지 못하고, 오히려 국민에게 걱정을 끼치는 실정입니다.

이런 때일수록 사람과 사람을 연결하고 다름의 만남을 주선하는 송 선생님의 역할이 절실합니다. 송인옥 선생님과 선생님의 강의, 그리고 이 책이 우리 사회의 소통과 화합의 밑거름이 될 것이라 확신합니다.

__ 전 해양경찰청장 **서재관**

生은 소(牛)가 외나무(一)를 건너가는 것과 같습니다. 길은 사람과 사람을 연결합니다. 길을 통해 사람을 만나고 인연을 만납니다. 보이는 길뿐 아니라 보이지 않는 마음의 길도 있습니다. 그 새로운 길을 찾아주는 송인옥 대표. 사회 곳곳을 찾아다니며 쌓아올린 강연인생 20년이라는 짧지 않은 경험과 관록이 책에 고스란히 담겼습니다. 사람들과 좋은 관계를 유지하고, 인생을 매력 넘치게 살고 싶은 분들에게 자신 있게 권합니다.

_ 한국화학연구원 RUPI사업단장 **이동구**

세상 물정 모르는 새내기 강사였던 송 대표님을 만난 때가 엊그제 같은데 벌써 20년 세월이 지났습니다. 그동안 송 대표님은 말 그대로 괄목상대하게 성장했고 현재 자타가 공인하는 대한민국 명강사의 반열에 올랐습니다.

이 책에는 수많은 역경을 극복한 스토리가 담겨 있습니다. 평범한 한 여성이 어떻게 지금의 스타 강사가 될 수 있었는지 궁금한 분은 이 책을 펼쳐보기 바랍니다. 또한 어떻게 하면 매력적인 사람이 될 수 있는지, 매력적인 사람들은 어떻게 비즈니스를 연결하고 사람을 연결해 나가는지, 송인옥 대표가 비즈니스를 성공시키는 열쇠라고 말하는 "매력"이 무엇인지 궁금하신 분들께 일독을 권합니다.

_ 울산 매일신문사 대표이사 **이연희**

삶을 참 열정적으로 살아온 송인옥 강사는 이 책에서 '사람의 마음을 사로잡아 끄는 힘' 즉 매력에 관해 이야기한다. 매력은 천부적인 것이 아니라 부단한 노력으로 갈고 다듬는 것임을 깨닫게 해주는 것이 이 책의 매력이다.

그럼 매력을 어떻게 갈고 다듬어야 할까? 저자는 20년의 강사생활을 하면서 절망의 끝에서 영광의 정점에 이르기까지 숱한 경험을 했다. 이를 통해 매력은 곱게 다듬어진 수석이나 화초처럼 정적으로 유지되는 것이 아니라 상황에 맞춰 변화무쌍하게 바꿀 줄 알아야 빛을 발할 수 있다고 가르쳐 준다. 매력 있는 사람이 되어 인생에서 성공하고 싶은가? 이 책에서 큰 도움을 얻을 수 있을 것이다.

_ 울산 KBS 방송국 **조남희** 국장

보고 듣고 말하는 것보다 더한 기쁨이 세상에 또 있으랴. 여행 그 자체가 추억이 되어 어떤 계기를 만들고 마침내 삶의 모든 것을 바꾸어 놓듯, 이 책은 삶을 여행하는 당신을 위한 길잡이로 모자람이 없을 것이다. 강인한 의지, 풍부한 상상력, 지칠 줄 모르는 열정이 끝없이 펼쳐져 있는 듯하다. 생각의 변화 없이는 생활도, 인생의 흐름도 바꿀 수 없다. 기필코 미래를 바꾸고 싶다면 이 책과 함께 여행하시기를 추천해드린다.

_ 상공회의소 부회장 **차의환**

송인옥 대표는 자신의 교육 사업으로 다사다망한 가운데 별 이득을 주는 직함도 아닌 중소기업융합울산연합회 교육홍보분과위원장 역할을 오랜 세월 자기 일처럼 적극적으로 해주고 있습니다. 그런 송 대표님의 책속엔 역시나 열정과 정성이 가득합니다.

저는 경영자로서 일을 잘할지 모르지만 경영자 이미지 관리엔 무척 서툴렀습니다. 그러던 제가 송인옥 대표를 만나면서 많이 달라졌고 우리 회사 직원들 또한 매력적인 이미지를 갖출수 있었습니다. 그 덕분에 고객을 만나거나 비즈니스를 할 때 품격 있는 경영자로 다가설 수 있었고 회사 경영에 큰 도움이 되었습니다. 경제가 어려운 요즘, 기업체 경영자들이 이 책을보고 매력적인 경영자로서 이미지 관리를 잘해나가면 좋겠습니다.

__ (주)동진기술 대표이사 **최성학**

낮춤의 미학을 완벽하게 표현했다. 치열한 삶을 살아온 저자가 지난 20년 동안 강연에서 뿜어냈던 독특한 끼를 매력이라는 유약으로 윤기를 더하여 하나의 도자기로 탄생시켰다. 실제 상황에 맞는 적절한 표현과 진솔함으로 인해 여느 책에서는 느낄 수 없는 인간적인 따뜻함과 품격이 돋보인다. 책이 아니라 스토리를 머금은 도자기 작품 감상하듯 찬찬히 들여다보길 권한다.

__ 대한민국산업현장교수, 「사장의 품격」 저자 **최송목**

말을 잘하는 사람, 마음을 사로잡는 사람, 일 처리를 잘하는 사람 등 다양한 부류의 사람들이 있다. 그들 모두 각자 개성이 있고 색깔이 있다. 송인옥 대표는 각자 자신이 지닌 매력지수를 높이는 게 중요하다고 말한다. 오래 전 송 대표의 강의를 들은 적이 있는데 그때 인생에서 꼭 필요한 5가지 끈이 있어야 한다고 했다. 어쩌면 그녀야말로 인생에서 꼭 필요한 5가지 끈을 가진 사람이 아닐까 생각한다.

1. 매끈-까칠한 사람이 되지 마라
2. 발끈-정의로워라
3. 화끈-어떤 일이든 열정적인 사람이 되어라
4. 질끈-용서할 줄 아는 포용력 있는 사람이 되어라
5. 따끈-가슴 깊이 품어주는 따뜻한 사람이 되어라

끈은 길이요. 연결망이요 인연이다! 매일의 삶을 매력으로 디자인하고 있는 송인옥 대표~!

당신! 참 매력 있다!

__ (주)유창로보텍 대표이사 **황명숙**

매력은 어떻게
삶의 무기가
되는가

"10년이면 강산이 변한다."라고 한다. 강산이 두 번 바뀌었다. 강사로서 살아온 세월도 벌써 20년이 흘렀다는 뜻이다. 이제는 내 이름으로 책을 내도 부끄럽지 않을 것 같다.

그동안 허공에 흩어진 말들(강의)을 모아서 활자화하고 싶다는 마음이 늘 있었다. 나름의 사회적 책임을 다하려는 생각도 해왔다. 그런 마음으로 지난 일들을 정리하다보니, 초보강사 시절에 겪은 일이 떠오른다.

아무도 나를 강사로 인정하지 않을 때 어느 작은 기업체에 강의하러 간 적이 있다. 그동안 공부하고 배운 내용을 강단에서 펼쳐보이고 싶은 마음에 지인에게 부탁해서 소개받은 자리다. 강사 명함을 스스로 만들어서 가지고 다닐 때였다. 열악한 중소기업에는 강의장이 별도로 마련되어 있지 않아 단체로 밥을 먹고 있는 식당에서 강의를 해야 했다. 강의를 시작하려는 순간, 사람들 사이에서 "치아라!" 하는 소리가 들려왔다.

그때만 하더라도 강사가 많지 않을 때고 밥 먹는 자리에서 강의를 하는 일은 더더욱 드물었다. 중소기업 현장에서 일하는 직원들은 몸이 힘드니까 얼른 밥을 먹고 나서 그늘에서 쪽잠을 자야 하는 경우가 많았다. 그런 금쪽같은 점심시간에 강의를 하니 곱게 보일 리 없었다.

나는 못 들은 척 강의를 계속했다. 한참 강의를 하는데 어디선가 먹던 김치 한쪽이 날아와서 강의 자료에 척 붙었다가 떨어졌다. 지금이야 노트북에 빔프로젝트가 있지만 그때만 하더라도 빔프로젝트가 흔치 않을 때였다. 몇 날 며칠 새하얀 전지 위에 매직펜으로 써서 만든 강의자료에 김칫국물 자국이 선명했다.

순간 식당은 쥐 죽은 듯 조용해졌다. 나도 무척 놀랐다. 하지만 괜찮은 척 표정관리를 하면서 강의를 계속했다. 그랬더니 앞에서 밥을 먹던 중년 남자가 박수를 쳐주었다. 어린 강사가 울지도 않고 강의를 이어가니 불쌍해 보였는지, 아니면 딸아이 같아서 측은한 마음이 들었는지는 모르겠다. 아무튼 그 박수소리에 용기를 얻어 강의를 계속했다. 강사라는 직업을 가지려면 꼭 거쳐야 하는 신고식이라 생각했다. 첫 강의를 잘 마쳐야

겠다는 간절함도 있었다.

그런데 이번에는 일어나서는 안 될 일이 벌어졌다. 갑자기 식판이 날아온 것이다. 밥상을 통째로 내게 던진 꼴이었다. 그 식판은 정확하게 나를 맞추고 식당 바닥으로 나뒹굴었다. 단정하게 차려 입은 핑크빛 원피스는 김치와 각종 반찬으로 범벅이 되어버렸다. 내 몰골은 국그릇까지 뒤집어써서 엉망이 되어버렸다. 식판으로 얻어맞은 나는 조용히 그 회사를 빠져나왔다.

온실에서 화초처럼 곱게 자란 나에게 생각지도 못한 일이 일어났다. 냄새가 진동하는 오물투성이 몰골에 서러움이 북받쳐 올라 차 안에서 한참 엉엉 울었다. 실컷 울고 나니 가슴속에서 이상한 오기가 치밀어 올랐다. "반드시 강사로 성공해서 꼭 그 회사에서 다시 강의를 해야겠다."라는 오기와 다짐이었다.

밤낮을 가리지 않고 공부했다. 휴일과 명절을 반납하면서 컴퓨터를 끼고 살았다. 차별화된 강의안을 만들기 위해 닥치는 대로 책을 읽고, 밤을 새워 자료를 만들었다. 그 결과 2012년에 이어 2013년에도 '대한민국 대표강사'로 선정되었다. KBS, MBC 등 방송에 출연했다. 기업체, 공공기관, 각종 단체에서 출강요청이 쇄도하여 바쁜 나날을 보냈다. 강사를 희망하는 사람들의 부러움을 한 몸에 받았고, 예비 강사들의 선망의 대상이자 질투의 대상이 되었다.

무형의 시장인 이곳에서도 경쟁이 치열했다. 다른 시장과 마찬가지, 아니 그 이상이었다. 2014년, 2015년에는 힘겨운 일을 겪기도 했다. 사실과 다른 내용을 내게 확인하지도 않은 채 한쪽 말만 듣고 방송보도가 나갔고, 그로 인해 경찰조사를 받고 검찰청까지 드나들면서 2년의 세월을 힘겹게 보낸 것이다. SNS시대에 사람(강사) 하나 죽이는 일은 식은 죽먹기였다. 매일 강단에 서서 미소지으며 강의를 했지만, 하루하루가 고통스럽고 숨이 붙어 있는 것이 신기할 정도로 힘든 시간이었다.

나는 무형의 상품이자 서비스를 제공하는 사람이다. 그래서 사람 자체, 강사 개인의 이미지, 영향력, 평판관리가 아주 중요하다. 그런데 나의 인간적인 부분, 사회적인 영향력, 나의 평판이라는 부분에 크나큰 상처를 입은 것이다. 물론, 조사결과 '혐의없음'으로 이겼다. 하지만 최종 판결을 받기까지 2년 동안, 나는 세상을 버리고 싶을 정도로 힘든 시간을 보내야 했다. 인간 송인옥을 버리고 강사 송인옥으로 20년 동안 살아온 나를 한 번에 깨뜨리고 무너뜨리려는 사람들! 그들로 인해 지금의 나는 훨씬 더 단단해지고 성숙해졌다.

아픈 만큼 성숙해진 시간이었지만 그로 인해 멋진 강의 내용이 또 하나 만들어졌다. 죽을 만큼 힘들던 그때, 세 가지 덕분에 이겨내고 버텨낼 수 있었노라고 강의하면서 노래를 부른 적이 있다. 그 강의를 할 때 청중이 함께 울어주었다. 그들도 나처럼 저마다 힘든 사연이 있었으리라.

내가 목숨을 버리지 않고 이겨낼 수 있게 해준 세 가지는 다음과 같다.

첫 번째, **나를 스스로 위로해 줄 수 있는 노래**가 있었다.
두 번째, **한 줄의 명언이나 짧은 글**이 위로가 되고 힘이 되었다.
세 번째, 내 모든 것을 쏟아내도 부끄럽지 않을 **멘토**가 있었다.

이제 4차 산업혁명의 시대! 나는 또 새롭게 준비하고, 혁신을 넘어 혁명을 선택했다. 기술에만, 제조에만 융복합이 있는 게 아니다. 다양한 사람들을 만나는 내 직업이야말로 진짜 융복합이다. 사람과 사람을 연결하고 만남을 주선한다.
나의 사무실은 더 이상 강의장이 아니라 세상과 연결하는 카페테리아!
세상은 서로 다른 사람들, 서로 다른 색, 서로 다른 모양, 서로 다른 생각으로 넘쳐난다. 이 모든 것을 인정하고 존중하면서 소통한다면 더 건강하고 행복한 대한민국이 될 것이다. 뭉쳐야 사는 세상이 아니라 연결해야 사는 세상이 되었다.
일도 중요하지만 사람은 더 중요하다. 세상의 모든 일은 사람에서 출발한다. 사람을 움직이는 것은 교육이다.

사람과 사람을 연결하는 나의 직업, '강사!'

나는 다시 태어나도 강사!

지금의 나를 너무나 사랑한다!

20년 동안 허공에 뱉어낸 나의 말, 때론 절규를 이 책에 담아 내었다.

차례

3 매력 있는 남자가 되려면

4 스피치를 잘하려면

5 대한민국 대표강사가 되려면

6 이미지메이킹에 성공하려면

좋은 _____

_____ 관계를

가 지 려 면

인생은 숨을 쉰 횟수가 아니라 숨 막힐 정도로
가슴 벅찬 순간을 얼마나 많이 가졌는가로 평가된다.

– 마야 엔젤로우

권력이 아니라
매력으로
승부

"성공을 좌우하는 가장 결정적인 조건은 지능이나 학벌, 운이
아니라 매력이다."

2002년 노벨 경제학상을 수상한 심리학자 대니얼 카너먼
교수의 말이다. 매력(魅力)의 사전적 의미는 '사람의 마음을 사
로잡아 끄는 힘'이다. '도깨비'를 뜻하는 한자 매 '魅'는 귀신 귀
'鬼'와 아닐 미 '未'가 합쳐진 말이다. 귀신은 분명히 아닌데 귀
신한테 홀린 것처럼, 끌어당기는 힘이 있다는 거다. 즉, 매력 있
는 사람은 알 수 없는 신비로운 힘을 가진 사람이다.

이미지 관리가 필수적인 시대가 되었다. 매력은 성공의 주요
변수가 된 지 오래. 모든 비즈니스가 사람으로부터 시작되기에
상대방에게서 느껴지는 매력이 경영과 매출, 조직에 막대한 영
향을 미친다. 같은 값이면 매력 있는 사람과 사업 계약을 하고

싶고, 매력 있는 최고경영자 밑에서 일하고 싶고, 매력 있는 동료와 함께 일하고 싶지 않는가? 매력적인 사람들이 비즈니스에서도 인정받고 성공가도를 달리는 세상이 되었다.

매력은 사람들의 호감과 인정을 얻기 위한 필수 자질이다. 인간관계에서 갖추어야 할 매력은 단순히 외모가 뛰어나거나 첫인상이 좋은 것만을 뜻하지 않는다. 센스 있는 대화와 매너, 마인드로 상대에게 호감을 얻는 힘을 말한다. 이는 다양한 사람과 관계를 맺고 살아가는 데에 큰 도움이 될 뿐만 아니라, 주위 사람들에게까지 긍정의 에너지를 전파해준다. 매력적인 사람이 행복한 이유가 여기에 있다.

20년 동안 전국을 무대로 강의를 하면서 수많은 사람을 만났다. 다양한 분야의 사람과 소통하고 교감하면서 배우고 느끼는 것이 많았다. 이 과정에서 묘하게 사람을 끄는 사람에 대해 연구하게 되었다. 기업인, 스타 강사, 정치인, 영업맨 등 각 분야에서 일가를 이룬 사람들이 대상이었다. 이들은 공통적으로 외모, 학벌 같은 외형적인 것이 아닌 내면적인 힘으로 사람을 잡아끌었다. 센스 있는 대화와 매너, 마인드를 통해 상대로 하여금 호감을 갖도록 유도했다. 이것이 바로 매력이다. 그들의 성공과 인맥의 토대는 매력이었다.

이 사실을 깨닫고 난 후, 미래가 불투명한 풋내기 강사였던 나는 생각을 바꿨다. 강의 내용을 충실히 준비하고 사회 경력을 쌓는 것보다, 매력적인 사람이 되는 데 더 큰 노력을 기울인 것이다. 그 결과 수많은 강의에서 청중의 열화 같은 호응을 얻어낼 수 있었다. 강의 요청이 폭발적으로 증가했다. 덕분에 유명 기업 강사가 될 수 있었다.

이렇듯 현재의 나를 만든 원동력이 매력이라고 본다. 그 매력이 외모, 사회 경력, 학벌 등의 모자란 점을 커버하고 그 이상의 힘을 분출시켰다. 많은 이들이 나를 스타 강사, 성공한 강사로 여기지 않고 매력적인 강사로 여긴다.

실제로 매력적인 사람은 그와 관계 맺은 사람들을 편하게 하고 흥이 나게 한다. 매력적인 사람은 존중과 배려로 상대를 움직이게 한다. 절대 강압과 독선을 하지 않는다. 그래서 사람들에게 인정받는다.

요즘 사회적으로 '갑질'이 문제가 되고 있다. 이것은 권력을 가진 자의 횡포에서 비롯된다. '갑'과 '을' 관계에서 '갑'이 '을'에게 권력을 함부로 행사해서 생겼다. '갑'을 더 돋보이게 하고 리더십을 더 잘 발휘하게 해주는 건 권력이 아니라 매력이다. '갑'이 매력의 힘을 무시하고 권력을 휘두를 때 갑질이 생기고 만다.

직장인이라면 경영진이나 상사가 부하 직원에게 함부로 대하는 것이 그 예다. 엔지니어라면 기술력을 가진 선임자가 자신의 후임시절을 잊어버리고 얕은 지식과 기술력을 가진 후임자를 힘들게 하는 것을 말한다. 공직자라면 직급이 높은 사람이 자기의 지위를 이용하여 복종하게 만들고, 지시하고 명령하면서 으름장을 놓는 것을 말한다.

그들은 하나같이 권력을 과시하는 '완장 효과(특정 지위의 권력을 나타내는 완장의 힘)'를 누렸다. 하지만 그들의 조직과 권력은 오래 가지 못했다. 주변 사람을 힘들게 하고 무시해서 큰 성과를 낼 수 없었기 때문이다. 주위 사람들이 그를 존경하지 않고 따르지 않게 되면서 권력마저 잃고 말았다.

근래 큰 이슈가 된 미투 운동 역시 남성이 가진 힘(권력)을 함부로 사용했기에 생겨났다. 권력이 아닌 매력으로 관계를 풀어갔다면 남성은 남성대로 존중받고, 여성 또한 인권을 보장받을 수 있었을 것이다. 남성과 여성 모두가 행복한 관계를 만들 수 있었으리라.

매력적인 사람들은 예의범절이 확실하다는 점을 잊지 말아야 한다. 매력 있는 사람은 품격이 있다는 뜻이다. 항상 주위 사람에게 배려와 존중을 아끼지 않는다. 그래서 주변 사람들에게 인기가 많다. 그 인기가 곧 인간관계와 비즈니스 성공의 원천이 된다. 자신의 능력을 가장 최상으로 끌어올리는 힘이 매력이다. 그 안에 성공의 열쇠가 있다.

매력
이미지는
A3

"좋은 이미지를 전달하려면 어떻게 하면 되나요?"

나는 이미지 컨설턴트이자 스타 강사다. 전국을 무대로 수많은 강의를 하고 있다. 방송에도 출연했으며, 신문사 인터뷰도 여러 차례 했다. 그때마다 가장 많이 접하는 질문이 이것이다. 강의를 듣는 많은 분들이 내게 던지는 질문이기도 하다. 이 질문에 나는 주저하지 않고 이렇게 답한다.

"A3를 갖추면 됩니다."

A3는 외모(Appearance), 능력(Ability), 태도(Attitude)의 약자다. 이 세 가지는 그 사람의 평판을 결정하는 요소다. 이 세 가지에 따라 한 사람의 이미지와 호불호, 인간관계의 성패가 결정된다. 실제로 우리는 누군가를 만났을 때 이상하게 끌리고 호감을 갖게 되는 일이 있지 않은가?

면접 심사위원은 엄격하고 공평무사하게 평가를 한다. 하지만 수많은 면접 지원자 속에서 유독 끌리는 지원자가 생기기 마련이다. 그래서 그에게 더 높은 점수를 주게 된다. 영업자를 대하는 소비자도 그렇다. 어떤 영업자를 만났을 때 묘하게 긍정적인 감정을 갖게 되어 순순히 지갑을 여는 일이 발생한다. 이는 상대가 A3를 통해서 자신의 매력도를 최고로 높였기 때문이다.

A3에 대해 좀 더 자세히 알아보자.

첫 번째, 외모(Appearance)의 사전적인 의미는 물건의 외관 또는 표면적인 모습이다. 글자 그대로 외(외적으로 보여지는) 모(모양새)를 말한다. 이는 처음 사람을 만났을 때 중요하게 작용한다. 보통 사람들은 주로 외적인 부분으로 상대를 판단하기 때문이다.

비즈니스맨도 거래처 상대를 처음 만났을 때 외모를 근거로 상대를 평가한다. 이때 복장이 큰 경쟁력이 된다. 상대가 말끔한 정장 차림이면 긍정적인 평가를 얻어낼 수 있다. 복장이 제2의 커뮤니케이터 역할을 하는 것이다. 비즈니스가 성공하느냐 아니면 실패하느냐는 외모(Appearance)에 달려 있다고 해도 과언이 아니다. 공식적인 자리라면 정중하게 예의를 갖추면서 외모에도 신경을 써야 한다. 외모 관리를 간과해서 품격을 떨어뜨리는 일이 있어서는 안 된다.

예를 들어 구직자는 면접을 위해 만반의 준비를 해야 한다. 복장에 서부터 시작해서 용모, 헤어스타일은 물론 표정까지 세세히 잘 준비해야 한다. 이렇게 해서 면접관이 판단하는 외모 평가 지수를 극대화시켜야 한다.

두 번째, 능력(Ability)은 누군가와 소통을 하기 시작하면서부터 드러난다. 스쳐지나가는 사람에게는 외모밖에 보이지 않는다. 하지만 함께 생활하는 직장 동료와 비즈니스로 자주 만나는 거래처 사람에게서는 그의 능력이 드러난다. 맡은 일에서 최적의 능력을 발휘할 때 사람들은 그에게서 매력을 느낀다. 그렇지 못하면 사람들은 등을 돌리고 만다. 더 이상 그와 교류하고 싶은 마음이 들지 않는다.

세 번째, 태도(Attitude) 역시 앞서 언급한 외모와 능력 못지않게 중요하다. 외모, 능력을 잘 갖춘 것으로 만족하면 안 된다. 주변에서 사람들이 특정인을 꼬집어서 태도가 바르다거나 태도가 불량하다고 말하는 걸 자주 접한다. 사람들은 한 사람의 태도가 좋으면 긍정적 평가를 하고, 그렇지 않으면 부정적 평가를 한다. 그만큼 한 사람의 태도가 그 사람의 이미지를 결정하는 데 큰 영향을 미치는 것이다.

이는 특히 짧은 순간에 상대를 평가하는 면접장에서 매우 중요한 요소로 작용한다. 면접관은 구직자가 입실해서 퇴실하는 순간까지 모든 움직임을 빠지지 않고 체크한다. 걸음걸이, 인사, 앉은 자세, 제스처 등으로 상대를 평가한다.

자기 이미지를 잘 연출하는 것은 선택이 아니라 필수다. 수많은 사람들이 매일같이 치열한 경쟁을 벌이고 있다. 다른 사람과 차별화된 나만의 경쟁력을 갖추어야만 경쟁에서 살아남을 수 있다. 해법은 나왔다. 3A로 개인 이미지를 잘 만들어낸다면, 수많은 얼룩소 사이에서 눈에 번쩍 뜨이는 '파란 소(Purple Cow)'가 될 수 있을 것이다.

A3를 갖춘
첫인상이
뭐야?

"저는 외모에 자신이 있고 옷도 돋보이게 입어요. 그리고 외국 대학을 나왔고 외국계 회사에 근무하고 있어요. 그런데 사교적인 모임에서 사람들로부터 호감을 얻기 힘드네요. 사람들을 이끄는 리더가 되고 싶은데 이것 때문에 잘 안 돼요."

한 젊은 직장인의 고민이다. 그는 훤칠한 키와 탤런트 같은 외모에 화려한 패션을 선보였다. 수많은 사람들 사이에서 단연 눈에 확 띄는 사람임에는 틀림이 없다. 나 역시도 그 직장인이 상당한 미남이며 패션 센스가 뛰어나다는 걸 한눈에 알 수 있었다. 그러나 그는 제스처가 지나치게 컸고, 태도가 거칠다는 느낌이 들었다. 자신에 대한 과도한 자부심 때문에 상대에 대한 배려가 미흡해 보였다.

대인 관계에서는 첫인상이 매우 중요하다. 우리나라 사람은 다른 나라 사람에 비해 매우 빨리 상대의 첫인상을 결정한다. 미국인은 15초, 일본인은 6초가 걸리는 데 반해 우리나라 사람은 단 3초에 상대의 첫인상을 결정한다. 상대를 잘 알기 위해서는 오랫동안 꼼꼼히 살펴보아야 한다. 하지만 사람은 상대를 파악할 때 최소한의 노력으로 빨리 결정짓고자 하는 인지적 구두쇠(cognitive miser) 성향을 가지고 있다.

첫인상의 중요성은 초두 효과(primacy effect), 즉 먼저 제시된 정보가 나중에 제공된 정보에 강력한 영향을 미치는 현상을 통해서도 확인할 수 있다. 다음 두 사람을 예로 들어보자.

A. 외모가 준수하고 정장을 입은 사람
B. 외모가 떨어지고 편한 복장을 한 사람

이 두 사람에 대한 첫인상이 어떻게 나올까? A는 먼저 제시된 정보가 좋기 때문에, 사람들은 그 사람을 보고 '믿음직하고 성실해 보인다.'라고 첫인상을 결정한다. 이에 반해 B는 먼저 제시된 정보가 나쁘기 때문에, 사람들은 그 사람을 보고 '게을러 보인다.'라고 첫인상을 결정 내린다. 이와 같이 대인 관계에서 첫인상의 중요성은 아무리 강조해도 지나치지 않다.

이런 관점에서 앞의 직장인의 외모는 나쁘지 않은데 그렇다고 크게 좋다고도 볼 수 없다. 그분을 본 사람들의 머릿속에는 이런 생각이 떠오를 게 분명하다.

'탤런트 뺨치게 미남이네.'

'아주 옷을 잘 입네.'

여기에서 머문다는 게 문제다. 그분은 사람들이 다음과 같이 생각하게 하는 데는 실패했다.

'참 매력적이야.'

오해하지 말아야 한다. 잘생긴 외모와 빼어난 패션이 곧바로 매력으로 이어지지는 않는다. 매력적인 사람으로 보이기 위해선 오히려 잘 생긴 외모와 뛰어난 패션이 방해요소가 될 뿐이다. 편안한 외모와 평균에서 약간 웃도는 패션을 갖추어야 모든 사람들로부터 매력적이라는 첫인상을 얻을 수 있다. 이게 A3 중에서 외모(Appearance)의 측면에서 본 아쉬운 점이다.

이와 함께 A3의 태도(Attitude) 면에서도 그 직장인은 함량 미달이었다. 거친 몸짓과 손짓이 매력지수를 깎아 먹어버렸다. 다만 그 직장인은 A3의 능력(Ability)에서만큼은 높은 점수를 받을 수 있었다. 한 마디로 능력의 측면에서는 매력적이었지만, 외모와 태도 면에서는 매력적이지 못했던 것이다.

매력의 가치는 대단하다. 사회학자 캐서린 하킴은 『매력자본(erotic capital)』(이현주 옮김, 민음사, 2013)이라는 책에서 '매력자본'이라는 용어를 만들어내면서 매력 자본을 경제 자본, 사회

자본, 문화 자본의 뒤를 잇는 제4의 자본으로 규정했다. 그는 말했다.

"매력자본은 회의실에서 침실에서 이르기까지 인생의 모든 부문에서 지능만큼 중요하다. 매력적인 사람들은 다른 사람들을 친구, 연인, 동료, 고객, 의뢰인, 팬, 추종자, 유권자, 지지자, 후원자로 만든다. 그들은 사생활에서 더 성공을 거두는 동시에 정치나 스포츠, 예술, 비즈니스에서도 성공을 거둔다."

좋은 첫인상을 통해 매력지수를 극대화해야 한다. 멋진 외모와 뛰어난 패션 센스가 있다고 해서 자만하면 곤란하다. 평범한 외모를 가졌다고 주눅들 필요도 없다. 매력적인 첫인상은 편안한 외모와 평균을 약간 웃도는 패션에서 결정되기 때문이다. 이와 함께 부단히 자기 분야의 실력을 연마하여 능력을 갖추어야 하며, 상대를 배려하는 태도를 보여야 한다. 이렇게 A3를 갖춘다면 모든 사람들에게 매력적으로 보일 수 있다.

매력 있는
사람의
TPO 전략

행사나 모임에서 유난히 시선이 가는 사람이 있다. 유명한 사람도 아니고 특별히 비싸거나 눈에 띄는 패션을 하지도 않았다. 그런데도 이상하게 끌리는 매력이 느껴진다. 그 이유가 뭘까? 그의 외모, 패션이 딱 알맞게 준비되었기 때문이다.

사람들에게 자기 이미지를 매력적으로 보이게 하려면 T.P.O 즉, 시간(Time), 장소(Place), 상황(Occasion)을 잘 고려해야 한다. 계절과 오전, 오후에 맞아야 하며, 모임이나 행사 장소에 맞아야 하고, 기쁨과 슬픔 등의 상황에 맞아야 비로소 매력적인 사람이 될 수 있다.

여기서 유념해야 할 것은 영원히 매력적인 사람은 없다는 점이다. 국회의원이 슈트를 잘 차려입으면 국민들의 신뢰를 얻을 수 있다. 정재계 인사들의 모임이나 행사에도 잘 어울린다. 국회의사당에서 브리핑할 때, 재계인사와 행사 개최를 할 때 등이 그렇다.

그 국회의원이 지역구의 새벽 재래시장에 방문한다고 하자. 이때에도 슈트가 어울릴까? 이는 시장 상인들에게서 호감을 얻지 못할 가능성이 크다. 패션이 장소와 상황을 고려하지 못했기 때문이다.

이른 아침에 정신없이 일하고 있는 시장 상인들 앞에 떡 하니 슈트를 차려입은 국회의원이 나타난다면 상인들의 기분이 어떨까? 국회의원에 대한 괴리감이 생길 것이다. 국회의원이 T.P.O를 고려한다면, 새벽 재래시장에는 점퍼 차림을 하고 가는 게 훨씬 낫다. 이렇게 하면 시장 상인들이 동질감을 느끼게 되어, 마음속으로 그 국회의원에 대한 지지를 보낼 것이다.

패션 감각이 뛰어난 유명 여성이 있다. 그 여성은 미술계에서 활동할 뿐만 아니라 방송에서도 눈에 띄는 행보를 보여 왔다. 그녀는 둘째가라면 서러울 정도로 맵시 있게 옷을 입는 것으로 유명했다. 여성들로부터 높은 매력 점수를 얻어냈다.

이 여성이 모 연예인의 장례식에 참석을 했다. 그녀는 다른 행사에 참석하느라 경황이 없어서 그날 입은 옷 그대로 나타났다. 흰색 바지에 오렌지색 니트를 입고 있었고, 목걸이를 했으며 화장도 밝게 했다. 이를 본 주위 사람들의 반응이 어땠을까?

이 여성은 네티즌의 뭇매를 맞았다. 평소 쌓은 전문가로서의 매력적인 이미지가 한순간에 와르르 무너져버렸다. 이 여성이 바로 낸시 랭이다. 2008년 고 안재환씨의 장례식에서 있었던 일이다.

이렇듯 매력적인 이미지는 저절로 유지되는 것이 아니다. 시간과 장소, 상황에 맞게 자신을 효과적으로 연출하도록 노력해야만 매력적인 이미지가 유지될 수 있다.

T.P.O에 대해 정리해보자.

시간(Time)

그날의 날씨와 계절을 잘 고려해야 한다. 해가 떠서 맑은 날인지, 구름이 잔뜩 낀 날인지, 어느 계절인지에 따라 딱 맞는 패션과 외모를 연출해야 한다. 예를 들어보자. 롱패딩이 핫한 패션 아이템으로 떠올랐다고 해서 춥지도 않은 날에 입고 오면 어떻게 될까? 그 사람의 이미지가 실추될 게 뻔하다.

장소(Place)

면접장, 결혼식장, 파티, 사업 미팅 등 세세하게 장소를 고려해야 한다. 사회 통념상 정장 차림을 요구하는 장소가 있고, 캐주얼한 복장을 요구하는 장소도 있다. 특히 조심해야 하는 패션은 등산복과 트레이닝복이다. 이 복장은 각각 산과 피트니스 센터에 딱 맞다. 그 장소를 벗어나면 추한 차림이 되고 만다.

상황(Occasion)

상황은 시간 및 장소와 함께 고려해야 한다. 엄격하고 격식 있는 차림을 요구하는 상황인지, 보통 정도의 격식이 요구되는 상황인지를 잘 고려해야 한다. 차림과 외모가 상황에 잘 맞는지도 고려해야 한다. 가령 5월에 여자 친구의 결혼식에 참가한다고 하자. 이때 멋을 낸다고 상하의를 흰색으로 맞춰서 입고 가면 상황에 맞지 않은 차림이 된다. 결혼식의 중심은 흰 드레스를 입은 신부이며, 결혼식에서 흰색은 온전히 신부에게만 허락되기 때문이다.

첫 비즈니스
　연결
외모? 내모?

사람들은 시각에 크게 의존하는 경향이 있다. 보기 좋은 떡이
더 맛있다고 생각하는 것이다.

　미국 펜실베이니아의 한 연구에 따르면, 외모가 판결에 큰
영향을 미치는 것으로 나타났다. 사람을 평가할 때 외모가 큰
영향을 미치기 때문이다. 이를 후광효과(Halo Effect)라고 한다.
아름다운 외모를 가진 피고인은 그렇지 못한 피고인에 비해 유
죄판결을 받을 확률이 낮다고 한다. 이는 엄정하고 객관적인
판단을 하는 판사들조차 외모에 좌지우지된다는 말이다.

　판사는 외모가 준수한 피고인을 볼 때 이런 생각을 하게 된다.
'저 사람의 말은 믿을 수 있어. 멋지고 능력 있어 보이는데 어
쩌다 실수를 했나 보네.'

　이렇게 해서 외모가 좋은 피고인에게 우호적인 판결을 한다.

그래서 유능한 변호사들은 피고인이 법정에 설 때 최대한 멋진 모습으로 나오라고 조언한다. 외모가 뛰어난 변호사가 더 큰 호소력을 발휘하는 경우도 많다.

더 극적인 예도 있다. 한 실험에서 자동차 타이어를 펑크 나게 한 후 두 여성을 차례대로 길가에 세워놓았다. 한 여성은 평균 이하의 외모를 가졌고, 나머지는 아름다운 외모를 가졌다. 이 두 여성이 지나가는 차에 손짓을 하며 도움을 요청했다. 그 결과가 어떻게 나왔을까?

놀랍게도 아름다운 외모를 한 여성이 그렇지 않은 여성보다 25%나 더 많은 도움을 받았다. 미국 프린스턴대학의 심리학자 알렉스 토도로프는 정치인을 대상으로 연구를 했는데, 외모가 좋을수록 더 많은 표를 얻는다는 사실을 밝혀냈다. 이와 같이 외적 매력은 내면의 능력, 자질 이상의 영향력을 발휘한다는 걸 알 수 있다.

이처럼 눈에 보이는 외모는 인간관계에서 매우 중요한 요소다. 외모를 소홀히 한다면 다른 사람으로부터 좋은 평가와 대접을 받지 못한다. 설령 내면에 부족함이 있더라도 외모에 각별히 신경을 써서 매력적으로 연출한다면, 내면까지 충실한 사람으로 자신을 각인시킬 수도 있다.

프로 강사로 인정받으며 전국을 무대로 강의를 할 때였다. 강사로서 안정 궤도로 올라서 있어서 방심한 적이 있었다. 한 중소 기업체에서 교육 강사를 초빙한다고 해서 그 회사 대표와 면담을 했다. 그날따라 시간이 부족한 탓에 화장도 대충 하고 머리도 평소대로 하고 갔다. 하지만 내심 자신감을 갖고 있었다. 쟁쟁한 기업체에서 강의를 해온 경력이 있었기 때문이다.

그런데 면담하는 내내 분위기가 심상치 않았다. 나중에 그 회사로부터 강사 초빙 건이 취소되었다는 통보를 받았다. 그 회사의 교육 담당자를 통해 어떻게 된 일인지 알아보았다. 그분이 전하는 말은 이러했다.

"사장님이 원래 송 강사님에 대해 전혀 모르고 있는 상태였어요. 근데 처음 송 강사님을 뵈었을 때 프로의 느낌을 받지 못했다고 하네요. 제가 보기엔 그날 송 강사님의 외모가 별로여서 그랬던 것 같습니다. 회사 입구에서 잠깐 송 강사님을 뵈었을 때, 제가 봐도 영 아니었거든요."

그 회사 대표는 여성으로서의 아름다운 외모를 평가의 잣대로 삼은 게 아니었다. 그 회사 대표는 전문 강사로서의 외모를 평가의 잣대로 삼았는데, 내가 잘 준비를 하지 못했다.

사람에게 호감을 사는 외모는 타고나는 게 아니다. 자기의 분야에 맞는 전문가로서의 외모가 중요하다. 얼굴이 비호감이라면 화장과 밝은 표정, 그리고 땀으로 가꾼 아름다운 몸매로 보완할 수 있다. 노력으로 가꾼 아름다운 외모를 가진 사람은 모든 사람으로부터 매력적인 사람으로 인정받을 수 있다. 사회 심리학자들은 '아름다운 것은 선하다'(What is beautiful is good)라고 한다. 이 말을 잘 새겨야 한다.

관계를 만들고
인연을
지속시키는 3F

'성공한 비결이 무엇인가?'
미국 카네기공대 졸업생을 대상으로 한 설문 조사의 핵심 질문
이다. 과연 졸업생들이 무엇이라고 답했을까? 놀랍게도 졸업
생의 85% 이상이 이렇게 답했다.

　'인간관계'

　많은 사람들의 예상과는 달리, '능력'이라는 답은 고작 15%
미만으로 나타났다. 대다수의 졸업생이 성공을 위해서는 대인
관계와 공감 능력이 절대적으로 중요하다고 답한 것이다.
　지금은 4차 산업혁명 시대다. 인공지능, 가상현실, 빅데이터,
사물인터넷, 로봇 등 수많은 변화가 일어나고 있다. 이 와중에

'사람'은 점점 설 자리가 없어지는 것처럼 보인다. 인간관계의 중요성도 떨어지는 듯하다. 하지만 4차 산업혁명 시대의 중심은 여전히 사람이다.

미국 MIT공대를 졸업한 후 인포시크 등 4개의 IT업체를 성공시킨 벤처 기업가 스티븐 코이시는 "나는 MIT에서 훌륭한 공학기술을 배웠지만 정작 중요한 인간관계에 대해서는 배운 것이 없다."라고 말했다. 그는 IT 사업의 성공요인은 뛰어난 기술력과 더불어 뛰어난 인간관계에 달려있다면서 이런 말도 했다. "요즘 나에게 공학기술과 인간관계 기술 가운데 한 가지만을 선택하라고 한다면, 나는 서슴지 않고 인간관계 기술을 선택하겠다." 스티븐 코이시는 '인간관계 기술'이라는 표현을 쓸 정도로 인간관계를 중시하고 있는 것이다.

그렇다면 인간관계를 잘하기 위한 '기술'은 무엇일까? 나는 늘 사적으로, 사업적으로 많은 사람을 만나며, 수많은 사람들 앞에서 강의를 하고 있다. 이 과정에서 항상 많은 사람들이 따르고 사람들의 중심에 서 있는 분들을 주의 깊게 살펴보았다. 그 결과, 인간관계를 잘하는 사람들에게는 3F라는 공통분모가 있음을 알게 되었다.

여기에서 말하는 3F는 From Me, From Now, From Small이다.

첫 번째, From Me는 "나부터", 즉 솔선수범이다.

언제 어디서든 "나부터"라는 솔선수범의 모습을 보이기 때문에 주변에 사람이 따를 수밖에 없다. 사업체의 수장이나 단체의 대표라면 더욱 그렇다. 리더가 솔선수범을 할 때 조직원과 융화가 잘 되며, 원만한 관계가 형성되는 것을 확인했다.

두 번째, From Now는 "지금부터"를 의미한다.

내일로, 다음 달로, 내년으로 미루는 게 아니라 지금 당장 실천에 옮기는 것을 말한다. From Now를 실천하는 사람들은 하나같이 열정적이며, 그 열정이 만든 작은 성공의 기쁨을 반복해서 맛본다. 그리고 민첩하다. 생각하고 나서 액션을 취하는 게 아니라 생각의 속도로 실행한다. 그래서 성취력이 대단히 높다.

마지막으로 From Small은 "작은 것부터"를 말한다.

성공은 크고 대단한 것에서 시작되는 것이 아니라 작은 성공들이 모여서 이루어진다. 내 주위에는 기업체 대표가 많다. 그들은 작은 것을 중시하며, 작은 것 하나하나를 성공시켜서 지금의 위치에 올랐다. 수천억대의 기업체 대표도 처음부터 그렇게 큰 기업체를 가지고 있지 않았다. 매우 작은 중소 기업체였지만 지금의 중견기업체로 성장했다. 작은 규모의 비즈니스, 작은 수익을 위해 진심을 다할 때만이 성공할 수 있고, 나아가 더 큰 기업체로 도약할 수 있는 법이다.

나의 멘토 중에 모 기업체 회장님이 있다. 그분은 매일 '3F'를 실천하고 있다. 계속되는 강의 일정 속에서 사람들과 크고 작은 트러블을 겪고, 몇 명 되지도 않는 직원 관리로 스트레스를 받던 어느 날, 그 회장님이 내게 제안을 했다.

"정말로 대표님이 최선을 다해서 인간관계를 하고 있는지 알고 싶으면 우리 회사로 찾아오세요."

새벽 5시에 일어나 그 회사가 있는 공단으로 달려갔다. 새벽 6시 40분이었다. 정문에는 회장님, 사장님, 상무님을 포함한 직원들이 서 있었는데, 출근하는 모든 직원에게 큰 소리로 구호를 외치며 인사를 하고 계셨다. 형식적인 인사가 아니었다. 허리를 40도 이상 숙이면서 반복하는 정중한 인사였다. 회장님은 작업용 장갑을 끼고 직접 현장 곳곳을 둘러보며 청소를 했다.

망치로 머리를 쿵! 하고 얻어맞은 느낌이 들었다. 그토록 큰 회사를 경영하면서도 작은 일을 허투루 하지 않았고, 차일피일 미루지 않으며 직접 챙기신 것이다. 회장님이 새벽 일찍 출근해 직원들에게 인사하고, 청소를 하는 행동에는 'From Me (나부터), From Now (지금부터), From Small (작은 것부터)가 모두 들어 있었다. 그 회장님에게서 큰 동기부여를 받았다.

좋은 인간관계를 만들고 그 인연을 지속시키는 힘은 3F에서 나온다. 그래서 3F를 실천하는 사람들에게는 품격의 향기가 난다. 품격의 향기가 나는 사람은 인간관계를 맺거나 일을 도

모할 때 결코 오버하지 않는다. 품격의 향기가 나는 사람들은 겸손하다. 그들은 기본적으로 사람을 존중하고 배려하기에, 주위에 늘 사람들이 따른다.

IQ에서 EQ?
이제는
SQ!

사람들은 누구나 성공을 바란다. 그래서 아이 때부터 성공을 위한 각종 공부와 학습과 훈련을 시키다보니 이른바 조기 교육 열풍이 생겨났다. 그래서 성공을 결정하는 핵심 요소가 무엇인가에 대한 관심이 매우 높아졌다.

한때 성공의 능력으로 IQ가 중요시되었다. 그러나 IQ는 EQ로 대체되었다. 지능보다는 감성 지수가 성공을 결정하는 능력이라는 공감대가 형성된 것이다. 지금은 어떨까? EQ를 전 세계인에게 널리 알렸던 학자 대니얼 골먼은 게임의 규칙이 변했다고 하면서 새로운 개념을 제시한 바 있다. 그 개념은 바로 이것이다.

'사회지능(Social Intelligence)'

4차 산업혁명의 시대, 특히 사람들의 대면 접촉이 줄어들면서도 인적 네트워크가 강화되고 있는 시대에 성공을 결정짓는 사람의 자질이 사회지능이라고 한다. 이는 사람의 감정과 의도를 잘 읽어내고 타인과 잘 어울리는 능력을 말한다.

어느 조직에서나 문제가 되는 사람은 자기주장만 내세우고 상대의 말을 잘 듣지 않는 사람, 불성실한 사람이다. 이런 사람을 어떻게 조직과 잘 융화되게 만드느냐가 중요하다. 이때 사회지능이 뛰어난 리더는 이들이 조직원들과 원만한 관계를 이루도록 이끈다. 이렇게 인간관계의 문제를 매끄럽게 해결하는 사람들은 사회지능이 매우 높다.

사실, 사회지능은 영장류 동물에게서 나타나는 생득적인 본능이다. 이는 학습에 의해 만들어지는 게 아니며, 또한 학습을 하지 않았다고 해서 사라지지 않는다.

신생아 사례와 붉은털원숭이 실험이 있다. 신생아들은 본능적으로 다른 아이의 울음소리를 들으면 따라서 운다. 이는 단순한 현상이 아니다. 신생아들에게 자기 울음소리를 들려줘도 그럴까? 이때는 거의 울지 않는다. 신생아들에게 공감의 본능이 있기 때문이다. 다른 아이의 울음에 공감해서 우는 것이다. 아이가 14개월 지나면 공감력이 더 향상된다. 다른 아이가 울면 함께 우는 데 그치는 게 아니라 그 아이의 아픔을 덜어주려고 노력한다.

붉은털원숭이에게도 공감의 유전자가 있다. 붉은털원숭이

여섯 마리가 끈을 당겨 먹이가 나올 때마다 일곱 번째 원숭이에게 전기 충격을 주는 실험을 했다. 그러자 고통스러워하는 동료의 모습을 본 원숭이 가운데 네 마리가 극히 먹이가 적지만 전기 충격이 없는 다른 끈으로 다가갔다. 다섯 번째 원숭이는 5일, 여섯 번째 원숭이는 12일간 아예 끈을 만지지도 않았다. 동료의 고통을 보느니 차리라 굶겠다는 것이다.

이러한 사회지능은 인간의 삶에서 매우 중요한 요소다. 사람이 여러 사람과 잘 어울리는 능력, 곧 사회지능이 성공을 결정하는 사람의 핵심 자질이기 때문이다. 사회지능이 높은 사람은 호감(사회성)이 높은 사람이다. 따라서 사회지능지수는 곧 호감지수로 볼 수 있다. 이는 내가 호감과 매력을 중시하는 강사라서 하는 말이 아니다.

칼 알브레히트의 『S.P.A.C.E. 호감의 법칙』(문은실 옮김, 랜덤하우스코리아, 2006)에 따르면, 호감도(SQ)는 곧 사회적 지능지수(Social Intelligence Quotient)라고 말한다. 어떻게 하면 호감도, 즉 사회지능지수를 높일 수 있을까?

그의 책에서 소개된 호감도 상승의 5가지 법칙, 'S.P.A.C.E.'를 알아보자.

첫째, 상황 파악력(Situational awareness)이다.

간단히 '눈치'라고 해도 된다. 이는 사람이 성인으로 성장한 후 타인과 교류하면서 습득되는 능력이다. 이를 통해 다른 사람과 매끄럽게 관계를 이어갈 수 있다. 사회생활을 하다보면 뚜렷하게 이것은 이렇다, 저것이 저렇다고 명백한 메시지를 받지 못하는 경우가 많다. 이때 상황에 따라, 또는 상대의 행동에 따라 상대의 의중을 해석할 수 있어야 한다.

둘째, 존재감(Presence)이다.

이는 '행동거지'라고 해도 된다. 한 사람의 인격은 결국 그의 행동을 통해 드러난다. 그가 일상에서 꾸밈없이 반복하는 외모, 걸음, 자세, 말투, 태도 등이 그 사람의 인격을 평가하는 잣대가 된다. 따라서 행동거지를 의식적으로 조심하는 게 좋다.

셋째, 진정성(Authenticity)이다.

깊이 있는 인간관계를 맺으려면 진정성을 가져야 한다.

자기가 필요할 때만 친밀한 척하는 사람, 남에게 잘 보이기 위해 자신을 포장하는 가식적인 사람은 친밀한 인간관계를 맺기 힘들다. 가식적인 마음, 남을 이용하려는 마음을 버리고 그 사람 자체를 위해 관계를 맺어야 한다.

넷째, 명료성(Clarity)이다.

이것은 분명한 의사소통을 말한다. 사람에게는 언어가 있다. 따라서 언어를 통해 자신의 의사를 분명하게 밝혀야 한다. 자신의 의사를 잘 표현하지 않거나 속내를 알 수 없는 사람들은 타인과 일을 도모하거나 협력하기 어렵다.

다섯째, 공감력(Empathy)이다.

타인과 공감하는 능력이야말로 영장류의 특징이다. 동료의 아픔과
슬픔, 그리고 기쁨에 감정이입하고 그 감정을 나누어 가져야 한다.
그렇게 해야만 사람들 사이의 유대감이 더 강화된다.

호감도 높은 직장 상사는 직장동료를 육체적으로 편하게 한
다. 한 실험에 따르면, 무서운 상사를 접한 간호직 종사자들의
혈압이 순간적으로 올라갔다고 한다. 호감도 높은 상사를 접할
때는 혈압에 변화가 없었다. 이것만 봐도 호감도 높은 상사가
직장에서 선호되고 인정받으리라 예상된다. 결국 호감도 높은
사람이 여러 사람들에게 인정받을 수 있다.

매력의
기초는
자존감

"아무리 외모가 뛰어나고, 학벌이 출중하고 막대한 부를 축적했더라도, 이것이 없으면 그 사람에게서 매력을 느낄 수 없어요. 이것은 누가 만들어주는 게 아니고 자기 스스로 만들어야 합니다. 이것을 가진 사람은 설령 외모가 떨어지고, 공부를 많이 못 하고 가난해도 항상 표정이 밝습니다. 이것을 가지고 있으면 늘 자신감이 넘치기 때문에 사람들을 잡아끄는 매력이 있죠. 이게 뭘까요?"

모 기업체 직원 대상 교육을 할 때 내가 던진 질문이다. 강의실에 모인 전 직원들이 수군거리면서 그게 무엇인지 알아보려고 했다. 얼마 지나지 않아 여기저기서 대답을 외쳤다.

"자존감입니다."

내가 맞았다고 응수해줬다. 요즘 사람들의 자기계발 관심사

중의 하나가 자존감이다. 강연장에서도 출판계에서도 자존감이 '핫'하다. 한 사람의 거의 모든 문제가 자존감에 걸려있다고 할 만큼 크게 주목받고 있다. 이는 매력에서도 마찬가지다. 아무리 탁월하게 이미지메이킹을 했더라도 자존감이 약하면 매력이 떨어진다.

말끔하게 슈트를 차려입은 두 남자가 있다고 하자. 한 남자는 눈빛이 당당하고 밝은 미소를 짓는다. 다른 남자는 상대와 눈을 마주치지 못하고, 표정이 어둡다. 둘 중에 어느 남자가 더 매력적일까?

자존감은 스스로 오랫동안 잘 보듬어야 하는 마음의 자세다. 이는 하루아침에 번뜩 생기지도 않고, 하루아침에 싹 사라지지도 않는다. 이러한 자존감은 "자아에 대한 존중감"의 줄임말이다. 자존감은 자신에 대한 긍정감, 효능감을 갖게 한다. 자존감이 높은 사람은 매력적인 사람으로 느껴지기 때문에 대인 관계가 매우 원활하다. 열등감에 사로잡힌 사람은 인간관계가 좋을 리 없다. 그의 이미지가 좋지 않기 때문이다. 어느 누구도 그와 함께 어울리고 싶어 하지 않는다.

열등감에 사로잡힌 역사적 인물들이 적지 않다. 아돌프 히틀러는 가난한 집안과 술주정뱅이 아버지, 낙제와 퇴학, 낮은 학벌 때문에 열등감의 화신이 되었다. 그 결과 유대인 학살의 역사적 비극을 만들고 말았다. 조선의 21대 왕 영조는 어머니가 천한 신분이었기에 강한 열등감을 가졌다. 그래서 결국 아들을 뒤주에 가두어 죽이고 말았다.

이와 달리 열등감을 극복하고 자존감을 회복한 인물도 있다. 스티브 호킹은 루게릭 병 때문에 천재 물리학자가 되었고, 버락 오바마는 흑인으로서의 열등감을 승화하여 전 미국인을 껴안는 대통령이 되었다. 더 극적인 인물은 개인 심리학의 거장 알프레드 아들러다. 그는 구루병을 가지고 태어나 외모가 추했다. 그래서 아이들로부터 따돌림을 받았다. 이로 인해 열등감에 빠졌지만 공부에 매진하여 일류 대학인 비엔나 의과대학에 진학했다. 졸업 후에 의사가 되어 열등감과 정신적 문제로 고통받는 사람을 위해 상담소를 운영했다. 그는 훗날 열등감 이론을 창시하면 이렇게 말했다. "인간은 타고난 열등감을 극복하고 우월감을 성취하려는 존재이다."

사람들이 열등감에 빠지는 이유가 뭘까? 정신과 의사 윤홍균은 『자존감 수업』(심플라이프, 2016)에서 다음 3가지 이유로 열등감에 빠진다고 했다.

하나. 나에게 매우 특별한 것이 있다.

둘. 그 특별한 것은 나쁜 것이다.

셋. 그런데 그것이 내 인생에 큰 영향을 미친다.

하나, 나에게 매우 특별한 것이 있다는 말이 의미심장하다. 사람들이 열등감을 갖는 대상에는 외모, 학벌, 경제력, 능력, 가문 등이 있다. 사람들은 보통 이 중에서 한두 개의 열등감을 갖고 있는데, 그건 사실 특별한 게 아니라는 발상의 전환이 필요하다. 왜냐하면 세상 사람 모두가 그런 열등감을 가지고 있기 때문이다. 내가 못생겨서, 공부를 못해서, 재산이 없어서라는 열등감은 나뿐만 아니라 다른 사람들도 가지고 있다.

둘, 특별한 것은 나쁜 것이라는 생각에서 벗어나야 한다. 그건 특별한 것도, 나쁜 것도 아니기 때문이다. 사람이라면 누구나 한 두 개 이상의 열등감을 가지고 있다. 따라서 나쁜 것이라는 생각에 매몰되지 말고 관조하는 자세를 갖는 게 필요하다.

마지막으로 셋, 그것이 내 인생에 큰 영향을 미친다는 생각을 거둬들여야 한다. 그것은 내 삶에 큰 영향을 미치지 않는다. 버락 오바마가 그랬듯이, 아들러가 그랬듯이 말이다. 그것은 그냥 열등감을 일으키는 요소일 뿐이다. 그걸 어떻게 받아들이느냐가 중요하다.

열등감에만 사로잡혀 있으면 열등감이 인생의 걸림돌이 되고 만다. 하지만 열등감을 자각하되 자기 발전을 위해 노력한다면, 그 열등감은 오히려 성공의 밑거름이 되지 않을까?

인간관계를 잘 하기 위해서는 매력적인 사람이 되어야 한다. 이때 기본 중의 기본이 바로 자존감이다. 이는 누가 대신 만들어줄 수 있는 게 아니다. 마음의 자세를 바로잡는 연습을 부단히 하는 수밖에 없다. 열등감에 사로잡힌 채로는 결코 관계를 잘 맺을 수 없다는 걸 기억해야 한다.

인간관계의
성패 3가지

1. 외모(Appearance)

사전적인 의미는 물건의 외관 또는 표면적인 모습이다. 글자 그대로 외(외적으로 보여지는) 모(모양새)를 말한다. 이는 처음 사람을 만났을 때 중요하게 작용한다. 보통 사람들은 주로 외적인 부분으로 상대를 판단하기 때문이다.

비즈니스맨도 거래처 상대를 처음 만날 때 외모를 근거로 상대를 평가한다. 이때 복장이 큰 경쟁력이 된다. 상대가 말끔한 정장 차림이면 긍정적인 평가를 얻어낼 수 있다. 복장이 제2의 커뮤니케이터 역할을 하는 것이다. 비즈니스가 성공하느냐 아니면 실패하느냐는 외모(Appearance)에 달려 있다고 해도 과언이 아니다.

공식적인 자리라면 정중하게 예의를 갖추면서 외모에도 신경을 써야 한다. 외모 관리를 간과해서 품격을 떨어뜨리는 일이 있어서는 안 된다. 예를 들어 구직자는 면접을 위해 만반의 준비를 해야 한다. 복장에서부터 시작해서 용모, 헤어스타일은 물론 표정까지 세세히 잘 준비해야 한다. 이렇게 해서 면접관이 판단하는 외모 평가 지수를 극대화시켜야 한다.

2. 능력(Ability)

누군가와 소통을 하기 시작하면서부터 드러난다. 스쳐지나가는 사람에게는 외모밖에 보이지 않는다. 하지만 함께 생활하는 직장 동료와 비즈니스로 자주 만나는 거래처 사람에게게서는 그의 능력이 드러난다. 맡은 일에서 최적의 능력을 발휘할 때 사람들은 그에게서 매력을 느낀다. 그렇지 못하면 사람들은 등을 돌리고 만다. 더 이상 그와 교류하고 싶은 마음이 들지 않는다.

3. 태도(Attitude)

앞서 언급한 외모와 능력 못지않게 중요하다. 외모, 능력을 잘 갖춘 것으로 만족하면 안 된다. 주변에서 사람들이 특정인을 꼬집어서 태도가 바르다거나 태도가 불량하다고 말하는 걸 자주 접한다. 사람들은 한 사람의 태도가 좋으면 긍정적 평가를 하고, 그렇지 않으면 부정적 평가를 한다. 그만큼 한 사람의 태도가 그 사람의 이미지를 결정하는 데 크게 영향력을 미치는 것이다.

매력 있는

_____ 여자가

되려면_____

너그럽고 상냥한 태도 그리고 무엇보다 사랑을 지닌 마음,
이것이 사람의 외모를 아름답게 하는 힘은
말할 수 없이 큰 것이다.

– 파스칼

스펙을 이기는
매력의
힘

다른 직업군과 다름없이 강사라는 직업은 스펙을 많이 따진다. 박사, 석사 학위를 가지고 있는가? 어떤 학교를 졸업했는가? 어떤 논문을 썼는가? 어떤 사회 경력을 갖고 있는가? 등에 따라 강사를 선정하고 강의료를 차등 지급한다.

높은 학위나 명문대 출신의 스펙을 가졌다고 꼭 강의를 잘하는 것은 아닌데도, 학위를 받았거나 명문대 출신이라는 이유만으로 높은 강의료를 책정받고, 높은 우선순위를 얻는 경우를 많이 봐왔다.

나는 강사라는 직업을 가졌기에 다양한 직업을 가진 여성분들과 소통하는 시간이 많다. 기업인들부터 정치인, 법조인, 언론인, 방송인, 전문가, 맞벌이 주부에 이르기까지 다양한 계층을 만난다. 각종 모임에서 위원으로 위촉받아 역할을 수행하거나 회원으로 활동하기도 한다. 내가 만난 여성 중에서는 뛰어난 스펙을 가졌는데도 사람들과 잘 어울리지 못하고 겉도는 여성이 많았다.

그런 여성에게는 공통점이 있었다. 여자로서 지켜야 하는 최소한의 매너, 에티켓이 부족하다는 점이었다. 시쳇말로 잘난 척을 하면서 모임에 융화되지 못하고, 자기만의 컬러를 강하게 드러내는 여성들이었다.

여성들이 직장생활과 사회생활을 할 때 타인에게 영향을 미치는 범위가 있다. 이를 크게 세 가지로 분류할 수 있다. 첫째, 외적 이미지와 영향력, 둘째, 내적 이미지와 영향력, 셋째, 사회적 이미지와 영향력이다. 여기서 영향력이라는 말은 존재감이라고 볼 수 있다.

외적 이미지와 영향력은 처음 만났을 때 시각적으로 보이는 밝은 표정, 때와 장소, 상황에 맞춰서 잘 갖추어 입은 복장, 품격이 느껴지는 자세와 태도, 명함을 주고받을 때의 손동작, 악수를 할 때 내미는 손의 압력, 걸음걸이 등을 말한다.

나는 이렇게 잘났다는 듯이 턱을 치켜드는 여성, 눈을 마주쳐도 무표정한 여성보다는 온화한 표정으로 친근하게 다가가는 여성이 훨씬 더 매력적이고 사랑스럽다. 머리끝부터 발끝까지 명품으로 휘감은 여성이 팔자 걸음걸이도 모자라서 두 팔을 휘젓듯 걸으며 다니는 모습을 가끔 본다. 여성으로서의 매력을 스스로 없애버리는 행동이다.

내적인 이미지와 영향력은 평소에 자기관리를 어떻게 하는지, 평판관리가 어떠한지와 관련이 있다. 또한 그 여성이 가진 자신감과 잠재능력을 의미하기도 한다.

마지막으로 사회적 이미지와 영향력은 관계가 형성되었을 때 발현된다. 모임 사람들과 커뮤니케이션하고 소통하는 능력, 리더십, 호감도, 인간관계, 사회생활 능력 등을 의미한다. 사회적 이미지가 좋은 여성은 스펙을 초월하는 인간관계를 형성할 수 있다. 관계를 형성하는 데 가장 중요한 것 중의 하나가 매력이기 때문이다.

인간관계가 원만하고 사회생활을 잘하는 것은 여성의 일과 직업에도 유리하다. 사회적으로 영향력이 높은 여성은 존재감이 크다. 그래서 어떤 일을 하든 성공할 확률이 높다. 이 사회적 이미지와 영향력은 꼭 학위가 있거나, 부자이거나, 스펙이 화려하다고 해서 형성되는 것은 아니다. 사회적으로 이미지가 좋은 사람은 영향력과 존재감도 덩달아 높아지는데, 이것은 돈으로 살 수도 없고, 학위 취득으로 얻을 수도 없다.

나는 스펙이 부족했다. 그래서 강사로서 성공하기 위해 더 많은 시간 고민하고, 더 열심히 관계를 형성해 나가야 했다. 그때마다 매력이 꼭 필요하다는 걸 절감했다. 여기서 매력은 외적인 매력인 아니라 내적인 매력을 말한다.

이러한 매력에는 세 가지 요소가 있다. 노력, 체력, 협력이 바로 그것이다.

이는 비단 강사에만 해당하는 게 아니라 사회의 모든 직업에 해당한다. 이 세 가지 매력을 갖추었을 때 매력도가 최고도로 올라간다. 설령 스펙이 부족하더라도, 이 세 가지 매력 요소를 갖추면 누구나 인정받는 사람으로 변신할 수 있다.

스펙이 없어도 그 분야에 끊임없이 노력하고, 체력이 튼튼하고, 주위와 관계형성을 위해서 잘 협력해 나간다면 누구나 성공한 사람으로 인정받을 수 있다. 나는 이 매력을 '스펙을 이기는 매력'이라고 이름 붙였다.

지금부터 스펙을 이기는 세 가지 매력에 대해 알아보자.

첫 번째 매력은 체력이다. 아무리 외적인 매력을 갖추고, 스펙을 갖추었다고 할지라도 건강하지 못하면 아무것도 할 수 없다. 과거에 나와 비슷한 시기에 강사를 시작한 여성분들이 여럿 있다. 하지만 지금까지 열정적으로 강단에 서고 강의를 하는 사람은 드물다.

열정이 떨어지는 이유는 여러 가지겠지만, 대표적으로 체력이 떨어지기 때문이라고 본다. 밤낮으로 강의안을 개발해야 하고 많은 책을 읽고 맞춤형 강의를 해야 한다. 또 강의를 하는 곳도 한정되지 않았다. 전국 방방곡곡, 불러주는 곳에 정확한 시간에 도착해서 강의를 해야 한다. 이런 게 일 년 내내 반복된다.

웬만한 체력으로는 감당하기 어렵다.

더욱이 같은 시간 강의를 하더라도 더 열정적으로 하려면 아무래도 튼튼한 체력이 밑받침 되어야 한다. 아무리 좋은 콘텐츠를 갖추고 강의 자료를 잘 준비하더라도, 현장에서 비실거리면 말짱 도루묵이다. 이런 사정 때문에 체력이 강한 강사는 더 매력적으로 보인다. 체력의 중요성은 비단 강사뿐만 아니라 사회의 모든 직업과 업종에 적용된다.

두 번째 매력은 노력이다. 노력하지 않으면 어떤 일도 이루어낼 수가 없다. 화투장 12光에는 우산을 받쳐 든 사람이 있다. 오노노도후라는 일본사람인데, 붓글씨를 쓰는 사람이었다고 한다. 어느 날 글씨가 너무 써지지 않아서 붓을 집어던지고 밖으로 나왔다가, 개구리가 수양버들 나무로 기어 올라가는 모습을 보게 되었다고 한다.

개구리는 비에 젖은 수양버들 나뭇가지로 잘 올라가지 못했다. 올라가면 미끄러지고 올라가면 미끄러지고…. 그래도 개구리는 포기하지 않고 오르고 또 올랐다. 그것을 본 오노노도후는 큰 깨달음을 얻었다.

"미물인 저 개구리도 저렇게 포기하지 않고 계속 노력하는데, 사람인 내가 붓을 집어던지고 나와서야 되겠는가?"

그는 다시 돌아가서 붓을 잡았다. 그는 훗날 10세기의 일본을 대표하는 서예가가 되었다고 한다. 성공은 끊임없이 포기하지 않고 반복해서 노력했을 때 얻어지는 것이다.

세 번째 매력은 협력이다. 21세기에는 협력하지 않고는 성공할 수 없고, 함께 더불어 가지 않으면 살아갈 수 없다. 협력의 사전적인 의미는 "특정한 목적을 달성하기 위하여 서로 힘을 합하여 돕는 것"이다. 혁신적인 발명, 획기적인 개발 등은 알고 보면 어느 한 사람의 힘으로 만들어진 게 아니라 여럿이 협력해서 만들어진 것이다. 애플사의 혁신적인 IT 제품들은 스티브 잡스 혼자만의 작품이 아니다. 그 옆에는 천재 엔지니어 스티브 워즈니악, 디자이너 조나단 아이브가 있었다. 그들의 협력에 의해 놀랄 만한 성과를 낼 수 있었다. 이 역시 사회의 모든 직종, 직업에 적용된다.

나는 협력을 잘하는 사람을 계면활성제 같은 사람이라고 부른다. 물과 기름을 한 통에 넣으면 잘 섞이지 않는다. 그런데 계면활성제(비눗물)를 넣으면 언제 그랬냐는 듯 잘 융화가 된다. 각양각색의 사람들이 모인 곳에서 정말 필요한 사람이 바로 계면활성제 같은 사람이다.

스펙은 있으면 좋다. 그러나 없다고 해서 인정받지 못하는 건 아니다. 적어도 결정적인 요인은 되지 못한다. 왜 그럴까? 스펙을 이기는 내면적 매력의 요소인 체력, 노력, 협력을 갖추면 되기 때문이다. 이 세 가지 매력이야말로 성공적인 인생을 위한 필수 무기다.

먼저 인사하는
美치도록 끌리는
女자

"매력적인 여성이 되고 싶으세요? 제일 먼저 인사를 하세요. 이것이 예쁜 얼굴, 화려한 패션보다 더 중요합니다. 인사를 깍듯이 잘하는 것만으로 만점짜리 매력을 가질 수 있습니다."

여성 직장인과 대학생 대상 이미지메이킹 강의를 할 때 강조하는 말이다. 누구나 타인에게 자신을 매력적으로 보이고 싶어한다. 이때 매력은 외적인 아름다움이 아니라 상대를 대하는 매너와 에티켓에서 나오는 것을 말한다.

매너와 에티켓을 혼동하는 경우가 많은데 사실 둘은 차이가 있다. 에티켓은 먼저 자신에게 초점을 맞춘다. 자신이 이익을 본 후에 주위 사람에게 이익을 주는 경우다. 양치질을 예로 들어보자. 치아를 깨끗하게 닦으면 우선 내가 행복해지고 내게 이익이 된다. 그 결과로 주위 사람들에게 구취로 피해를 주는 일이 없어진다. 향긋한 냄새를 전달하니 주위 사람들 표정이 좋아진다.

이와 달리 매너는 상대방에게 우선 초점을 맞추고 상대의 행복을 우선시한다. 그 결과로 상대방과 함께 자신도 이익을 보는 것을 말한다. 매너와 관련된 유명한 '핑거볼' 이야기가 있다. 영국이 엘리자베스 여왕이 중국의 고위관리자와 만찬 식사를 할 때였다. 중국 고위관리자가 손을 씻기 위한 물그릇인 핑거볼에 담긴 물을 마셔버렸다. 그러자 엘리자베스 여왕이 그 손님이 무안하지 않도록 자신도 따라 마셨다고 한다. 이처럼 상대를 우선시하고 배려하는 게 바로 매너다.

인사는 에티켓이다. 직장인을 대상으로 한 설문조사에서 직장예절의 1순위가 바로 인사였다. 2순위는 공손한 언어 사용하기, 3순위는 부르면 대답하고 부른 사람 바라보기, 4순위는 근무 중 개인적인 일 하지 않기, 5순위는 자기 주변 정리정돈 하기였다. 이렇듯 인사가 예절로서 가장 중요한데, 이는 일상생활에서도 마찬가지다.

나는 평소 인사의 중요성에 대해 이렇게 말하고 있다.

'인사를 잘하면 인상이 좋아지고, 인상이 좋아지면 인생이 달라진다!'라고.

멋진 인생을 원하는가? 그럼 인사를 잘하면 된다.

여기서 인사는 꼭 "안녕하십니까?"만을 뜻하지 않는다. "감사합니다" "고맙습니다" "미안합니다" "죄송합니다" "축하합니다" "고생 많으셨습니다" 기쁜 일, 슬픈 일, 가슴 아픈 일, 경조사와 안부를 챙기는 것이 모두 일종의 인사이다.

다음과 같은 말도 자주 한다. "인사를 잘하는 사람은 예의 바른 사람으로 보입니다. 또한 겸손해 보이고 가정교육을 잘 받았다는 인상을 주게 되지요. 인사를 받은 사람은 기분이 유쾌해지며, 상대를 긍정적으로 평가하게 됩니다. 그 결과로 둘 사이의 친밀도가 급속히 높아집니다. 비즈니스 관계라 할지라도, 인사를 잘하는 사람은 상대방이 다른 고객이나 인맥을 연결해 주는 경우도 있습니다."

인사(人事)를 한자로 풀이하면 '사람이 하는 일'이다. 인사의 사전적 의미는 '사람과 만났을 때 주고받는 의례적인 동작이나 말'이다. 여기에 내 나름의 정의를 보태고 싶다.

'인사는 다른 사람에게 마음을 열고 다가가는 커뮤니케이션이다.'

사실, 나의 이미지메이킹 강의를 듣는 청중은 누구 하나 인사를 어려워하지 않는다. 매우 쉽게 여긴다. 하지만 막상 인사의 3대 요소를 물어보면 대답하는 이가 거의 없다. 인사를 정석대로 하기 위해서는 다음과 같은 '인사의 3대 요소'가 필요하다.

인사말

아침, 점심, 저녁에 하는 대표적인 인사말 세 가지가 있다. 아침에 하는 "안녕히 주무셨습니까?", 낮에 하는 "안녕하십니까?", 저녁에 하는 "안녕하십니까?", "안녕히 주무십시오" 등이 그것이다.

이외에도 처음 뵈었을 때, "처음 뵙겠습니다", 오랜만에 만났을 때 "오랜만입니다." 등이 있다. 이를 잘 숙지해야 한다. 특히 유의할 점은 밝은 목소리를 내야 한다는 것이다. 물론 사과할 때와 같은 상황은 예외다.

마음가짐

인사말에는 진심이 들어가야 한다. 건성으로 인사하는지 아닌지를 상대방은 금세 알아챈다. 건성으로 하는 건 안하느니만 못하다. 따라서 인사를 할 때는 마음을 담아야 한다.

행동

인사 동작 중에서 몸에 배도록 익혀야 할 것은 허리 숙여 인사하기다. 이를 제대로 하는 요령은 이렇다. 우선 허리를 곧게 편 후 상대의 눈을 바라본다(연장자라면 인중을 바라본다). 인사말을 건넨 후에 허리를 앞으로 숙이고 잠깐 그 상태를 유지한 다음, 천천히 허리를 편다.

이 3대 요소를 숙지한 후에야 제대로 된 인사를 할 수 있다. 인사가 습관화된 여성분들에게는 세 가지를 더 보탠다. 먼저,

인사는 늘 변함없이 하라는 점이다. 어떨 때는 하고 어떨 때는 안 하면 제대로 된 커뮤니케이션이 될 수 없다. 그리고 인사는 먼저 하는 게 좋다. 인사를 한 후에 사적인 이야기를 이어가는 멘트를 날리는 게 좋다.

자신의 매력을 높이기 위해 애쓰는 여성들이여! 연예인 뺨치는 외모와 패션보다 정숙한 인사가 여성의 매력지수를 높인다는 걸 기억하자.

매력적인
여자의
맞장구

여성으로서 강의와 사업을 하면서 여성들을 많이 만난다. 그럴 때 자주 느끼는 게 있다. 처음 만난 어떤 여성과는 이상하게 대화가 잘되는 반면에, 다른 어떤 여성과는 이상하게 대화가 안되는 것이다. 당연히 대화가 잘되는 여성에게 더 호감이 가고 친밀한 관계가 만들어지기 쉽다. 그래서 그 여성과 사적인 관계가 지속되기도 하고, 강의와 사업 면에서 도움을 주고받는 관계가 형성되기도 한다.

내 강사 양성 과정을 수료한 모 여강사가 그랬다. 그 여성은 명강사가 되는 꿈을 가지고 있었다. 당시에 나는 주말마다 지방에 내려가서 강사자격증과정을 진행하고 있었다.

처음 그 지방에 강의하러 갔을 때는 강의장이 아니라 카페에서 강의했다. 낯선 지역의 작은 카페에서 주말마다 강사자격증

취득과정을 운영한 것이다. 그런데 먼 길을 달려간 나는 그 여성을 보는 순간 피로감이 싹 사라졌다. 카페에 들어서는 순간, 그 여성은 기다렸다는 듯이 반갑게 맞이하면서 환영해준 것이다. 열 명 이상이 교육을 받고 있었는데, 유독 그 여성이 눈에 띨 정도로 반갑게 맞이해 주었고, 장시간 진행된 교육 내내 맞장구와 추임새를 넣어주었다.

"안녕하세요?"라며 카페로 들어서면 기다렸다는 듯이, "먼 길 오시느라 고생 많이 셨어요. 오시는 길에 차는 안 밀렸는지 모르겠습니다." "새벽 일찍 출발해서 그런지 도로는 한산했습니다."라고 대답하면, "아, 그러셨군요. 차 한잔 하시고 강의하세요."라며 따뜻한 차를 내어주었다.

강의를 마친 뒤, 낯선 도시에 왔으니 맛집을 찾아 먹고 간다고 하면 부리나케 맛집을 검색해주면서, "이 집이 정말 유명한 맛집인데 찾아가기가 조금 힘이 듭니다. 제가 길을 안내해드릴까요?"

"아뇨, 차에 네비도 있고, 앱을 살펴보니, 여기서 걸어서 금방이네요. 한번 찾아가보겠습니다."

"아~ 네~ 알겠습니다. 혹시 제가 도움드릴 일 있으면 바로 전화주세요."

그녀와의 대화는 항상 이렇게 술술 이어졌다. 나는 매주 먼 길을 달려 그곳으로 출장을 갔고, 그 강사는 한 주 한 주 트레이닝을 받으면서 강사로서 자리를 잡기 시작했다. 나는 그 여성에게 대한 호감을 갖게 되었고, 지금까지도 WIN-WIN하는 관계로 같이 협업하면서 성장하고 있다.

트레이닝 이후, 그 강사는 나와 똑같이 교육업체를 꾸리고 마음 맞는 강사님들과 함께 전국을 누비며 강의하는 스타강사로 성장했다. 청중도 나처럼 그녀와 그녀의 강의를 매우 좋아했다.

그 강사와 나는 지금도 누가 먼저랄 것 없이 연락을 한다. 전화통화를 했다하면 서로의 안부를 묻기 바쁘다. 통화를 하고 나면 가슴이 넉넉하고 뿌듯해져 온다. 그녀의 따뜻한 대화 매너 덕분이다. 그녀와 대화할 때마다 내 마음의 문을 열어준 것은 그녀의 관심어린 맞장구였다.

그녀와의 첫 대화를 살펴보면 이런 멘트가 눈에 띈다.

"아, 그러셨군요."
"아휴, 고생하셨겠어요."
"잘됐네요."

이게 맞장구이자 리액션이다. 이는 상대의 말에 관심을 가질 때 나온다. 그래서 상대의 말이 끝나면 저절로 이런 맞장구가 나온다. "아 정말요?" "그래서요?" "대단하네요." 등이 대표적이다.

맞장구는 흔히 대화의 윤활유라고 한다. 대화 상대가 맞장구를 잘 쳐주면 대화가 막힘없이 이어진다. 스스로 마음 속 이야기를 털어놓기도 한다. 토크쇼의 제왕 래리 킹은 말했다.

"지금 상대가 하고 있는 말에 진심으로 관심을 보여라. 그러면 상대방도 당신에게 그렇게 할 것이다. 훌륭한 화자가 되기 위해서는 먼저 훌륭한 청자가 되어야 한다."

그래서 대화에 '1-2-3 법칙'이 있다. 이는 한번 말하고, 두 번 듣고, 세 번 맞장구치라는 의미다.

미국 노스캐롤라이나대학의 체스터 인스코 박사는 맞장구를 통해 자신이 원하는 대화 방향으로 이끌 수 있다고 밝혔다. 교수가 학생들이 마음에 드는 이야기를 할 때는 긍정적인 맞장구를 쳤고, 마음에 들지 않는 말을 할 때는 부정적인 맞장구를 쳤다. 그러자 부정적인 맞장구를 접한 학생들은 저절로 교수의 마음에 드는 말을 하기 시작했다.

대화 상대의 마음을 얻고, 대화를 원하는 방향으로 술술 풀어나가기 위해서는 맞장구가 필수적이다. 맞장구를 잘 쳐주면 호감지수가 쑥쑥 높아진다. 실전에서 사용할 수 있는 맞장구의 종류는 아래의 네 가지다.

동감의 맞장구: 정말요?, 그렇습니까?

경탄의 맞장구: 와아, 대단합니다. 네에?

관심의 맞장구: 으응, 그래서요?

동정의 맞장구: 안됐네요, 저런.

당신 앞에 처음 만난 여성이 있다고 하자. 그 여성과 대화를 나누는데 그 여성이 관심어린 눈빛을 반짝이면서 끊임없이 맞장구를 쳐준다고 생각해보자. 그 여성이 너무나 매력적으로 보이지 않을까?

토닥토닥

...

포용력

여성이 사회 각 분야에 진출해서 남성 못지않은 성과를 내고 있다. 남성의 전유물이라 여기던 금녀의 영역에도 여성이 쑥쑥 진출해 실력을 유감없이 보여주고 있다. 그런데도 여전히 많은 영역에서 남성이 중책을 차지하는 경우가 많다. 정치, 경제, 입법, 사법, 언론, IT 분야 등이 그렇다.

이런 상황에서 여성은 부단히 남성과 경쟁해야 하는 위치에 놓여 있다. 남성끼리의 경쟁 구도 속에 여성이 새로운 경쟁자로 대두된 것이다. 이때 여성은 남성의 방식이 아닌 여성성을 무기로 내세울 수 있지 않을까?

대체로 남성은 직선적 성향을, 여성은 포용적 성향을 대변한다. 남성의 경우 강한 카리스마를 가진 리더가 불도저 같은 추진력을 내세우는 게 연상된다. 이에 반해 여성의 경우 부드러운 리더가 폭넓은 친화력을 발휘하는 게 연상된다.

『여성주의 리더십』(윤혜린 외 4인, 이화여자대학교출판문화원, 2007))이라는 책에 이런 글귀가 나온다.

"여성주의는 억압의 역사 속에서도 여성들이 확보해온 포용력과 보살핌의 능력, 상호공조와 협력의 관계성, 일상과 환경의 연계성 속에서 미시적 문제의식을 거시적 구조 변화의 힘으로 변화시킬 수 있는 동력을 중요하게 포착한다."

여성은 역사적으로 남성과 달리 포용력을 타고났음을 알 수 있다. 이러한 포용력은 사실 남성에게 찾아보기 힘들다. 포용력은 역사적으로 여성의 특징이며 장점이다. 이는 미국 오하이오주 케이스웨스턴리저브 대학 연구팀의 논문에 의해 뒷받침된다.

이 연구팀은 약 1,500여 명의 대학생을 대상으로 개인의 성격과 심리를 연구했다. 그 결과, 여성이 남성보다 더 용서를 잘하는 것으로 나타났다. 남성의 경우 과거에 자신이 했던 잘못을 떠올릴 때에만 용서를 한 반면, 여성의 경우 과거의 경험을 떠올리지 않고도 순순히 용서를 하는 것으로 조사되었다.

이에 대해 연구팀의 줄리 엑슬린 박사는 이렇게 말했다.

"타인이 저지른 잘못에 대해, 남녀 모두 과거에 자신이 경험했거나 자신이 앞으로 저지를 수 있다고 느낄 때 쉽게 용서했다. 하지만 여성이 남성에 비해 잘못한 사람을 받아들이는 포용력이 더 강했다."

이렇듯 여성은 유독 포용력이 강함을 알 수 있다. 이러한 포용력을 남성과 차별화된 여성만의 매력으로 활용할 수 있지 않을까? 특히 남성들 속에서 포용력이 더 강한 위력을 발휘할 것으로 짐작된다. 흔히 '부드러운 것이 강한 것을 이긴다'고 하듯이, 남성의 경직된 강함을 여성의 포용력이 이겨낼 수 있다고 본다.

이는 거미줄을 보면 납득이 된다. 거미줄 한 가닥 한 가닥은 참으로 가늘고 약해 보인다. 하지만 거미줄을 그리 만만하게 볼 수는 없다. 거미줄 한 가닥이 같은 굵기의 강철보다 5배 더 강하기 때문이다. 이런 점에서 리더십 전문가 샐리 헬게센은 '포용의 리더십'이라는 개념을 내놓았다.

외형상으로 보면 여성은 남성에 비해 힘이 약하고, 추진력과 리더십이 부족해 보인다. 하지만 이는 큰 착각이다. 여성은 특유의 포용력으로 남성보다 몇 배 강한 인내력, 추진력 그리고 리더십을 발휘하기 때문이다.

이는 독일의 앙겔라 메르켈 총리가 잘 보여준다. 그녀는 수더분한 외모 탓에 동네 아줌마 같다. 강한 남성 정치인들의 세계에서 살아남기 힘들어 보인다. 그런데 그녀는 총리가 되면서 독일을 어느 EU국가보다도 탄탄한 경제대국으로 변신시켰다. 그 결과 영국의 마가렛 대처 수상의 기록을 깨고 최장수 여성 총리가 되었다. 이는 앙겔라 메르켈 총리가 부드러운 포용력을 기반으로 모성애적 지도력을 발휘했기 때문이다. 이를 시쳇말로 '엄마 리더십'이라고 한다.

평범한 대학생, 그리고 직장인 여성은 기억해야 한다. 남성이 우글거리는 조직 속에서 남성의 방식으로 살아가는 건 잘못된 전략이라는 사실을. 남성들과 경쟁하여 큰 성과를 내려면 포용력을 발휘해야 한다. 여성 특유의 포용력에서 나오는 매력이 뭇 남성을 단번에 사로잡아버릴 것이다.

외모와 경력에
플러스되는
사회적 매력

중소기업체를 운영하는 중년 여성 대표가 있다. 이분은 젊은 시절부터 사람과 관계 맺기를 잘 하기로 소문이 났다. 그녀를 대하는 사람들 누구도 그녀를 싫어하지 않았다. 처음 그녀를 대하는 사람들도 다들 그녀에게 호감을 가졌다.

그녀의 외모는 좋은 편이 아니었다. 오히려 좋지 않은 축에 들었다. 사각턱 때문에 강인한 인상으로 보이고, 눈매가 치켜 올라가서 매서운 느낌을 주었다. 게다가 키가 작고 통통한 체격이었다. 이런 외모만을 놓고 보면 호감을 살만 한 구석이 하나도 없다.

그녀는 특별히 높은 학력을 가진 것도 아니요, 엄청난 재산을 축적하지도 않았다. 그런데도 왜 사람들이 그녀에게 호감을 갖게 되는 걸까? 한번은 그 여성 대표에게 비결을 물어보았다.

"대표님, 어떻게 해서 사람들에게 호감을 얻을 수 있었습니까? 외적으로 보면 그다지 호감을 얻을 만한 요소가 없다고 보는데요."

"호감이라면 매력을 말씀하시는 거죠? 제 나름의 비법이 있어요. 사람들은 심리 법칙에 매우 취약합니다. 그래서 저는 두 가지 심리 법칙을 활용해서 주변 사람들에게서 100% 호감을 얻어냅니다."

그 여성 대표가 말하는 매력을 불러오는 심리 법칙 두 가지는 유사성의 원칙과 강화의 원칙이다. 이 두 가지는 사회적 매력의 중요 요소다.

사람들이 흔히 말하는 매력은 다음의 세 가지로 구분된다.

- 신체적 매력 : 신체의 아름다움을 기반으로 한 매력이다. 이성 관계에서 크게 작용하는 게 바로 신체적 매력이다.
- 사회적 매력 : 사회적 관계에 기반한 매력이다. 사회적으로 관계 맺는 과정에서 얻어진 인기, 호감이 사회적 매력이다.
- 과업적 매력 : 경력이나 능력에 기반한 매력이다. 공부를 잘하거나, 운동을 잘 하는 사람들은 과업적 매력을 가지고 있다.

그 여성 대표는 '사회적 매력'이 매우 강했다. 이를 위해 그녀가 활용한 첫 번째 심리법칙 유사성의 원칙은 뭘까? 이는 동질성의 원리라고도 한다. 유유상종이라는 말이 있듯이, 사람은 끼리끼리 어울리며 자기와 비슷한 사람을 친밀하게 느낀다. 따라서 그녀는 누군가를 만날 때마다 상대와 비슷한 패션, 말투, 제스처를 준비했다. 그래서 잠깐의 미팅 시간 동안 상대는 저절로 그 여성 대표에게 호감을 느끼게 되었다.

그녀가 활용한 두 번째 심리법칙은 '강화의 원칙'이다. 정확히 말하면 정적 강화(Positive Reinforcement)다. 이는 쾌(快) 자극을 제공하여 긍정적 행동을 유도하는 것을 의미한다. 선생님이 학생들에게 발표를 시키기 위해 사탕을 보상으로 주는 것이 바로 정적 강화다.

그 여성 대표가 활용한 정적 강화는 칭찬이다. 칭찬의 중요성은 아무리 강조해도 지나치지 않다. 하지만 그녀처럼 상대가 자기에게 호감을 갖게 하고 자기편으로 만드는 데 적극 활용하는 사람들은 많지 않다. 누구나 자신을 칭찬해주는 사람에게 호감을 가지는 법이다.

그녀는 자신만의 칭찬 노하우를 갖고 있었다.

사람들 앞에서 칭찬하라
구체적으로 칭찬하라
즉시 칭찬하라
사소한 것을 칭찬하라
과정을 칭찬하라

상대에 따라 칭찬 내용과 방법을 달리하라

사람들로부터 매력적인 사람으로 인정받고 싶은데 외모도, 능력도 부족한가? 낙심할 필요는 없다. 사회적 매력을 갖추면 누구나 자기편으로 만들 수 있기 때문이다. 유사성의 원칙과 강화의 원칙! 이 두 가지 원칙을 갖춘다면 당신도 매력 넘치는 여성이 될 수 있다.

여자의 눈물,
무기가 될 수
없다!

여자는 눈물을 잘 흘리는 데 비해 남자는 그렇지 않다고 인식된다. 그래서 남자는 태어나서 세 번 눈물을 흘린다는 말이 있다. 이 말은 과거에는 그런가 보다 하고 넘어갈 수 있었다. 하지만 아직도 이 말이 터무니없다는 걸 몰라서는 곤란하다. 사실 인체구조상 여자보다 남자가 더 눈물이 많다. 눈물을 분비하는 꽈리 세포와 함께 눈물 수정체의 호르몬이 여자보다 남자에게 더 많다는 게 의학적으로도 입증되었다.

그런데 어떻게 해서 여자가 남자보다 눈물을 더 많이 흘린다고 알려졌을까? 이는 가부장적 편견 때문이다. 남자에 비해 한없이 나약한 여자가 스스로 자신을 제어하지 못해서 눈물을 흘린다는 편견을 만든 것이다. 남자도 제어력을 잃어버렸을 때 똑같이 눈물을 흘리는데도 남자만 쏙 빼버린 것이다. 그래서 눈물은 오로지 남성중심 사회에서 살아가는 나약한 여성의 전유물로 비치게 되었다.

얼마 전부터 우리 사회에 미투 운동과 페미니즘 열풍이 휘몰아치고 있다. 사회 곳곳에서 여성들의 당당한 목소리가 나오고 있고, 여성의 주체적인 삶이 이야기되고 있다. 그런데도 여전히 눈물 앞에서 무기력한 여성이 적지 않다. 남자도 그렇듯 시의적절한 눈물은 괜찮다. 문제가 되는 건 생활 리듬을 망치고 조직 생활을 방해할 정도로 시도 때도 없이 터져나오는 눈물이다. 이런 눈물은 결코 여성의 매력도를 높여줄 수 없다.

해외뷰티사업부를 만들어서 화장품 수출을 할 때였다. 무역 업무를 맡아줄 신입 직원을 뽑게 되었는데, 화장품 회사 특성상 말끔한 외모와 바른 매너에 가산점을 부여하기로 했다. 그렇게 해서 한 명의 여성 직원을 뽑았다. 경력 등 모든 면에서 다른 지원자와 대동소이한 사람이었다. 그런데 얼마 지나지 않아 실망스러운 일이 벌어졌다.

그 여성 직원이 내가 내린 지시를 잊어버린 것이다. 연말이라서 밀린 업무 때문이라고 생각하고 참고 넘어가려고 했다. 하지만 지시에 대한 피드백이 없는 건 문제라고 생각했다. 한 번의 기회를 더 주었다.

"화장품 포장지 디자인을 새로 맡을 디자인 회사를 내일까지 알아봐주세요."

그런데 다음 날도 잊어버리고 말았다. 이틀 후, 그 직원을 불러 호통을 쳤다. 그러자 그 여성 직원이 당황한 듯한 표정을 지으며 한마디도 하지 못했다. 그 모습을 보자 더욱 화가 치밀어 올랐다. 그런데 그 직원이 고개를 푹 숙이더니 흑흑거리면서 눈물을 흘리는 게 아닌가? 놀랄 수밖에 없었다.

이게 눈물을 흘릴 일이 아니었기 때문이다. 여성 직원이 왜 지시를 잊어버렸는지 설명을 한 뒤, 반성과 시정을 다짐하면 끝나는 일이었다. 그렇게 일을 잘 처리하고 사람들에게 싹싹하고 매너있게 행동하던 직원이 눈물을 보이다니, 내게는 큰 충격이었다.

그날, 그 직원은 지시를 잘 따르지 못한 이유를 이렇게 해명했다. 일이 밀린 탓도 있었고, 자신이 기대하는 모 디자인 회사에서 연락이 오기를 기다리고 있었다고 했다. 연락이 오면 그곳을 화장품 포장지 디자인 회사로 적극 추천하려고 했다는 것이다. 그런데 그 회사의 견적서가 나오는 게 차일피일 미루어져서 결국 지시를 어기게 되었다는 것이다.

이야기를 듣고 나니 역시 내가 그 여성 직원을 잘못 본 게 아니라는 생각이 들었다. 그녀는 더 좋은 성과를 내려고 욕심을 내다가 지시를 어긴 것뿐이었으니까. 문제는 그녀의 눈물이었다. 이것만 없어도 그날 일이 깔끔하게 정리될 수 있었다. 그 눈물이 내내 마음에 걸렸는데 역시나 내 느낌이 들어맞았다.

이 신입 여직원은 시도 때도 없이 눈물을 흘려댔다. 내가 그 직원이 작성한 서류에서 무엇이 잘못되었다고 지적만 해도 선 채로 뚝뚝 눈물을 흘렸다. 사무 공간 청소가 미진하다고 지적해도 고개를 숙이고 눈물을 흘렸다. 그러고선 기어들어가는 목소리로 이렇게 말했다.

"저도 열심히… 했는데요 죄송합니다… 흑흑… 앞으로는 더…."

이 직원에게 특별한 매너 교육이 필요하다는 생각이 들었다. 그래서 여러 차례 면담을 이어가면서 회사 내에서 쉽게 눈물을 보이지 말라고 했다. 눈물은 여자의 무기가 아니라 여자의 자폭 수류탄과 같다고 말했다. 그러면서 그 여직원의 말도 경청했다. 그녀는 원래부터 눈물이 많았는데, 이성 교제를 할 때는 눈물을 더욱 자주 흘린다고 했다.

그녀의 잘못된 습관은 하루아침에 바뀔 수 있는 게 아니었다. 그녀에게 이렇게 조언을 해주었다.

"이성 교제에서는 눈물도 일종의 개성이라고 볼 수 있습니다. 하지만 조직 생활을 할 때는 쉽게 눈물을 보이지 마세요. 눈물을 보이는 순간 지는 거예요. 상사로부터 평가절하를 받을 뿐만 아니라 동료들에게도 버림받습니다. 정글 같은 조직 생활에서 눈물 질질 흘리는 사람은 그 누구에게도 환대받지 못해요."

이와 함께 그 여직원에게 감정을 컨트롤하는 네 가지 노하우를 알려주었다. 첫 번째는 유쾌하게 뒷담화하기, 두 번째는 음식과 술을 실컷 먹기, 세 번째는 미친 듯이 노래하고 춤추기, 네 번째는 요가를 통해 심신 이완하기. 이 네 가지 방법을 잘 활용하면 주체할 수 없이 쏟아지는 눈물을 조절할 수 있다.

연애할 때는 눈물이 여성미를 돋보이게 할 수도 있다. 하지만 사회생활에서는 절대 그렇지 않다. 자신의 눈물을, 아니 눈물을 흘리는 자신을 제어할 수 있어야 한다. 이렇게 해서 똑 부러지게 자신 의견을 말할 수 있어야 한다.

상사로부터 질책을 받을 때, 눈물을 흘리는 대신에 이렇게 말하는 여성이 주위의 호감을 얻는다.

"앞으로 잘하도록 노력하겠습니다."

또 다른 나를
어필하는
패션

화장품 사업을 시작하면서 알게 된 여성 사업가가 있다. 60대 초반인 이 여성은 평소 화려한 패션으로 유명했다. 착용한 옷, 액세서리가 명품일색이었고 그걸 자랑으로 여겼다. 사람을 만날 때도 자신의 패션에 대한 자부심이 대단했다.

그런데 그녀를 자주 만나면서 그녀의 패션에 뭔가 문제가 있다는 생각이 들었다. 그녀의 패션 원칙은 핫하게 떠오르는 명품으로 치장하는 데 있는 듯했다. 그게 자신과 잘 어울리느냐, 그렇지 않느냐는 전혀 고려하지 않았다. 그녀의 옷은 주로 2,30대 여성을 타깃으로 한 제품이었으며, 날씬한 여성의 몸매를 부각하기 위해 만들어진 옷이 대부분이었다. 하지만 그녀는 나이도 많았고 통통한 체형이었다. 그래서 유행을 선도하는 고가의 명품으로 구성한 패션이 제 값을 하지 못했다.

이런 여성이 우리 주변에 많이 있다. 그들은 자신에게 어울리는 패션을 고려하지 않고 오로지 자신이 좋아하는 패션만을 추구한다. 유행에 굉장히 민감해서 가격에 상관없이 핫한 아이템을 구매한다. 또 자신의 나이를 고려하지 않고 젊은 감각의 아이템을 구매한다. 그 결과, 주위 사람들은 그들의 패션과 외모에 호감을 느끼지 못한다. 이런 여성들에게 어떤 기준으로 옷을 선택하느냐고 질문을 던지면 주로 두 가지를 대답한다.

'선호하는 스타일의 옷과 점원이 권유하는 옷'

이렇듯 자신에게 어울리는가에 초점을 두지 않기에 매력적인 패션을 갖추지 못한다. 나는 이미지메이킹 강사로서 주변 커리어 우먼들에게 이렇게 강조한다.

"특정 브랜드 옷이나 특정 스타일을 고집하는 것도 취향일 수 있죠. 하지만 사람들에게 매력적으로 비치려면 반드시 자신에게 어울리는 옷을 선택해야 합니다. 입는 사람과 매치가 잘 되어야 매력도를 높여줄 수 있으니까요."

자신에게 어울리는 옷을 고르려면 구체적으로 어떻게 하면 좋을까? 내가 제시하는 세 가지 팁이 당신의 패션 매력도를 높여줄 것이다.

어울리지 않는 유행에 휩쓸리지 말라.

유행하는 아이템을 갖춰 입으면 아무래도 당당해진다. 거리를 활보할 때 자신에게 쏠리는 시선에서 자신감을 느낄 수도 있다. 그런데 유행하는 패션만 고집하면 매력도가 떨어질 수 있다.

그 한 예가 롱패딩이다. 평창올림픽이 열리던 해에 롱패딩이 선풍적인 인기를 끌었다. 이 열풍이 올해까지 이어지는 듯했다. 그래서 초겨울부터 롱패딩이 거리를 점령했다. 그런데 올해는 날씨가 포근해서 작년에 인기 만점인 롱패딩은 매력도가 떨어지고 말았다. 춥지도 않은 날씨에 롱패딩을 걸치는 게 우스꽝스러운 지경이 되고 말았다. 유행 아이템을 무조건 추종하는 자세는 버려야 한다.

자기 체형을 고려하라.

한때 상체 노출의 맥시드레스가 유행했다. 이 옷을 자신에게 잘 맞춰 입으면 미니스커트 이상의 섹시함을 연출할 수 있다. 그런데 지나치게 유행을 좇느라 자신의 체형을 무시하고 입으면 매력도가 급감한다.

상체가 통통한 분이 상체 노출인 심한 드레스가 핫하다고 해서 입었다가는 통통함이 부각될 뿐이다. 또 이 드레스에는 슈즈를 잘 매치하는 게 생명이다. 굽 없는 샌들이나 10cm 이상의 높은 굽, 이 둘 중 하나가 제격이다. 이를 무시하고 평소 즐겨 신던 어중간한 높이의 슈즈에 맥시드레스를 걸치면 최악의 패션이 된다. 지나치게 유행을 좇지 말아야 한다.

내면과 외면의 조화를 이루어라.

옷은 그 사람의 성격, 심성, 취향, 직업을 대변해주는 역할을 한다. 예를 들어 분석적이고 논리적인 여성이라면 그에 맞게 장식이 최소화된 슈트 차림이 제격이다. 레이스와 리본이 달린 원피스 차림이라면 그야말로 언밸런스다. 패션 실패다.

광고회사에 근무하는 여성이라면 그에 맞게 통통 튀는 패션이 제격이다. 만약 이 여성이 일반 사무직 여성처럼 밋밋한 정장차림을 한다면 어떨까? 자신의 매력을 스스로 갉아먹는 것과 다를 바 없다.

여성에게 옷은 매력도를 높이는 각별한 수단이다. 그런데 적지 않은 여성이 옷을 잘못 선택하는 바람에 자신의 매력도를 떨어뜨리고 있다. 옷에 자신을 맞추기 때문이다. 자신에게 옷을 맞춰야 자신의 매력을 돋보이게 해주는 옷을 고를 수 있다.

호감을 부르는
표정과
자세

모 기업체의 심층면접 심사위원으로 참가한 적이 있다. 그 기업은 서비스 전문 기업으로 홍보부 여성 직원을 뽑고 있었다. 기업체 특성상 소위 용모 단정한 여성 직원을 뽑는 게 내부의 방침이었다. 면접 심사에 들어가 보니 전국에서 쟁쟁한 지원자가 다 몰려왔음을 알 수 있었다.

지방 미인대회 입상자, 모 지상파의 전직 기상캐스터, 스펙이 탁월한 연예인, 대학교 방송부 아나운서 출신 등 눈에 확 띄는 미인이 줄을 이었다. 여기까지 본다면 이들 중에서 신입직원이 나올 거라고 짐작할 수 있다.

하지만 이미지메이킹 전문가로서 여러 번 입사 면접 심사를 해왔고, 매력을 높이는 노하우를 기업체 임직원들에게 전수해온 내 시각은 좀 달랐다. 내 눈에는 외모와 몸매가 뛰어난 지원자들이 하나같이 붕어빵 같았다. 비슷비슷한 데다 개성도 없어 보였다. 다들 면접에 대비해서 이미지메이킹 훈련을 받고 온 듯했다. 상당수가 입꼬리를 한껏 올리며 재치 있는 말솜씨를 자랑했다.

하지만 그들에게서 호감을 느낄 수는 없었다. 그런 사람은 이미 숱하게 만나봤기 때문이다. 금세 지루해졌다. 사실 이런 여성 지원자는 언제, 어디에서든 필요할 때 구할 수 있었다. 시 쳇말로 '널려 있기' 때문이다. 나는 신선한 매력을 가진 지원자 를 눈이 빠지게 찾았다. 그러던 중 한 지원자가 나타났다.

평범한 얼굴을 가진 4년제 대학 취준생이었다. 그녀에게는 소위 아름다운 외모와 몸매를 어필할 수 있는 스펙이라곤 하나 도 없었다. 대신 4년 내내 봉사 동아리 활동을 해왔다는 경력이 있었다. 그녀가 자리에 앉자마자 환한 표정이 눈에 쏙 들어왔 다. 취업 교육기관에서 속성으로 배운 인위적인 미소가 아니었 다. 오랫동안 어려운 사람들을 대하면서 친절을 베풀고, 배려 하는 동안 저절로 만들어진 따스한 미소였다.

일부러 그녀의 감정을 상하게 하는 멘트를 날리며 시험해 보 았다.

"다른 지원자는 스펙이 출중한데 이 정도로 합격할 수 있겠 어요? 봉사활동만 많이 했을 뿐, 외국어 점수나 자격증, 수상 경력 같은 게 너무 부족하잖아요."

그녀는 눈을 한번 깜빡이고 나서 원래의 표정을 유지했다.

그러곤 자세를 흐트리지 않고 말을 이어갔다.

"저는 대학 시절에 봉사 활동에 많은 시간을 바쳤어요. 이 일을 꼭 해야 한다는 사명감을 갖고 했어요. 그것으로 만족합니다. 저를 필요로 하는 사람들이 있듯이 저를 필요로 하는 기업이 있을 거라고 봅니다."

그리곤 환한 표정을 지어보였다. 내 말을 반박하기는커녕 오히려 나를 배려하는 듯한 인상을 받았다. 다른 지원자 같으면 순간적으로 표정이 굳어질 수 있었다. 억지로 미소를 짓는다고 해도 표시가 났을 것이다. 그들의 밝은 표정은 삶에서 자연스럽게 형성된 게 아니라 성형수술 하듯 인위적으로 만든 것이기 때문이다.

그녀는 말을 할 때, 말을 들을 때의 자세도 매우 안정적이어서 신뢰감을 주었다. 감정이 불안할 때면 시선을 피하고, 허리를 굽히고 또 손을 올리는 행동을 하기 마련이다. 하지만 그녀는 내내 일정한 자세를 취했다.

그 여성 지원자는 내 추천으로 합격했다. 머지않아 내 판단이 틀리지 않았음이 입증되었다. 그녀는 그 회사를 대표하는 홍보 모델이 되었고, 현장에서 밝은 표정과 안정적인 자세로 많은 분들에게 사랑받고 있다고 한다.

짧은 시간에 첫인상을 결정하는 것은 두 가지다. 표정과 자세. 이 둘은 떼려야 뗄 수 없는 관계다. 표정이 좋아도 자세가 안 좋은 경우, 자세는 좋은데 표정이 안 좋은 경우 호감을 주는 첫인상을 만들지 못한다.

    나는 많은 분들에게 호감을 주는 표정과 자세를 가르쳐 왔다. 어떤 표정이 상대방에게 호감을 줄까? 내 대답은 다음과 같다.

    "보기만 해도 덩달아 기분이 좋아지는 표정을 지어야 합니다. 눈빛, 시선 처리, 입꼬리가 모두 함께 환한 표정을 만들어야 최고죠. 이는 긍정적인 사고와 생활 습관을 통해 만들어지는 게 가장 좋습니다. 내면 깊이 우러나오는 환한 표정을 지어야 한다는 말이죠. 대표적으로 미소가 있습니다."

    면접이나 각종 대회가 코앞이라면 표정 짓는 연습을 하는 게 좋다. 하지만 기억에 두자. 상황이 변해도 꾸준하게 유지되는 환한 표정은 삶 그 자체에서 만들어져야 한다는 것을. 전문가는 이것을 알아본다.

    다음은 호감을 주는 자세다. 표정 다음으로 시선이 가는 것이 몸의 자세다. 자세를 통해 상대의 감정, 사고, 습성을 추론할 수 있기 때문이다. 호감도를 높여주기 위해서는 상황에 맞는 적절한 자세를 취해야 한다. 서 있을 때나 앉아있을 때나 허리를 쭉 펴고 꼿꼿한 자세를 유지하는 게 좋다. 시선은 정면이나 상대의 미간을 바라보아야 한다. 이런 자세가 상대방에게 호감을 준다. 긍정적인 마인드가 강한 여성은 언제 어디서든 꼿꼿한 자세를 잃지 않는다는 걸 기억하자.

여성의 첫인상은 표정과 자세가 결정한다. 긍정적인 마인드로 열심히 살아가는 여성은 단박에 호감을 준다. 미소 짓는 환한 표정과 꼿꼿한 자세로 말이다. 환한 표정과 바른 자세는 여성의 매력지수를 팍팍 높여준다.

곰같은 여자보다는
여우같은
여자

"남자 친구에게 매력적으로 보이려면 어떻게 하면 좋죠?"

"어떤 여성이 남성들에게 인기가 많나요?"

여성 직장인과 대학생들에게 이미지메이킹 강의를 할 때 이런 질문을 자주 접한다. 이런 질문은 나보다 연애 컨설턴트에게 더 적합하지만 내 전공인 이미지메이킹과 관련이 아예 없지는 않다.

미혼 여성 대상으로 매력을 높이는 노하우를 전수하려면 남자를 염두에 두어야 하기 때문이다. 20~30대 여성들은 사회생활에서 매력지수를 높이는 것에 못지않게 연애할 때 매력지수를 높이는 것에 관심이 많다.

그런데 여성 상당수가 남자에게 매력적으로 보이는 노하우를 잘못 알고 있다. 그들은 인터넷에 떠도는 근거 없는 정보를 신봉하고 있었다. 주로 시시콜콜한 연애 기술을 소개하는 사이트, 카페, 블로그에 올라온 정보들이다. 이는 여성을 심각하게 왜곡할 뿐만 아니라 실제 이성교제에서 통하지도 않는다. 대표적으로 이런 것이다.

> 남자에게 인기 많은 여자의 특징 5가지
> 첫째, 잘 웃는다
> 둘째, 긍정적이다
> 셋째, 잘 챙겨준다
> 넷째, 밀당하지 않는다
> 다섯째, 반전매력이 있다

여자를 주체로 바라보지 않고 있을 뿐 아니라, 마치 남자를 위한 서비스 제공자 정도로 본다. 여자는 남자를 위해 한없이 배려해줘야 하는 '기쁨조'가 아니다. 실제 연애에서 통하지도 않는다. 어떤 남성이 자신의 연애 경험을 살려서 재미삼아 작성해본 것에 지나지 않는다.

실제로 남자가 매력적으로 생각하는 여성은 여우 같은 여성이다. 이는 과학적인 근거를 갖춘 셰리 야곱의 책『남자들은 왜 여우 같은 여자를 좋아할까』(노진선 옮김, 인사이트북스, 2014)에서 주장하는 바다. 할리우드의 스타 브래드 피트를 보라. 그는 뭇 여성에게 인기가 많았지만, 다정다감한 제니퍼를 버리고 다소

위험해 보이는 안젤리나 졸리를 선택했다.

이 책에는 흥미로운 이야기가 있다. 한 남자가 예쁜 얼굴과 섹시한 몸매의 여성, 착하고 배려심 많은 여성, 돈 많고 가슴이 큰 여성, 약간 성깔 있는 여우 같은 여자와 사귀고 있다. 이 남자는 최종적으로 누구를 선택할까? 남자는 약간 성깔 있는 여우 같은 여자에게 청혼한다. 이는 수백 시간 수많은 남자를 인터뷰를 한 결과에 토대로 둔 이야기다.

"우리는 사랑을 얻기 위해서는 기본 이상의 외모, 다정함, 봉사정신, 애교 같은 것들이 필요하다고 들어왔다. 하지만 남자들이 원하는 것은 그런 허접한 것들이 아니다. 남자들은 의외로 고차원적인 것을 기대하고 있다. 남자들은 모든 것을 자신에게 맞추는 여자보다는 자기 멋대로 구는 여자한테 끌린다. 필사적으로 매달리는 여자보다는 자신의 인생을 즐기며 품위를 지키는 여자에게 더 매달리게 된다. 자기 자신을 진정으로 사랑하는 여우 같은 여자에게 정신을 못 차린다는 것이다."

이 책에 따르면 남자들은 누구나 쉽게 얻을 수 없는 특별한 여자를 차지하고픈 욕망을 가지고 있다고 한다. 흔히 여자들은 남자에게 잘 보이려고 가식적인 모습을 보인다. 그래서 잘 웃고, 잘 챙겨주고, 긍정적인 모습을 보여주려고 한다. 하지만 정작 남자들은 그런 행동에 매력을 느끼지 못한다는 말이다.

그렇다면 남자에게 매력적으로 보이는 여우들은 어떤 특징을 가지고 있을까? 남자들을 사로잡는 여우 같은 여성의 특징으로 이 책에서는 다음의 다섯 가지를 소개한다.

자기 존중
자신감
호기심과 환상
줏대와 주관
자립심과 당당함

어느 것 하나 남자에게 순종적인 면이 없다. 모두 여자로서의 주체성을 강조하고 있다. 인터넷 가십거리 같은 정보와 달리, 현실의 남자들은 자존감과 자립심을 가진 여성에게 끌린다는 사실을 잊지 말자.

이제 막 연애를 시작한 여성이여! 권태기가 오기 시작한 여성이여! 남자를 내 편으로 만들기 위해서는 자신의 매력도를 높여야 한다. 그러기 위해선 여우가 되어야 한다. 남자들은 사슴 같은 여자가 아니라 여우같은 여자에게 매력을 느끼기 때문이다.

칭찬 노하우,
매력의 3요소

칭찬 노하우

- 사람들 앞에서 칭찬하라
- 구체적으로 칭찬하라
- 즉시 칭찬하라
- 사소한 것을 칭찬하라
- 과정을 칭찬하라
- 상대에 따라 칭찬 내용과 방법을 달리하라

매력의 3요소

- 신체적 매력 : 신체의 아름다움을 기반으로 한 매력이며, 이성 관계에서 크게 작용하는 게 바로 신체적 매력이다.
- 사회적 매력 : 사회적 관계에 기반한 매력이며, 사회적으로 관계 맺는 과정에서 얻어진 인기, 호감이 사회적 매력이다.
- 과업적 매력 : 경력이나 능력에 기반한 매력이며, 공부를 잘하거나, 운동을 잘하는 사람들은 과업적 매력을 가지고 있다.

매 력 있 는
_____ 남자가
되려면_____

승자의 조건은 타고난 재능이나 높은 지능이 아니다.
태도이다.
태도야말로 성공의 잣대이다.

– 데니스 웨이틀리

남자의
최고 경쟁력은
이것!

"물질적 소유와 사회적 지위 이상의 그 무엇, 즉 마음을 끌어당기는 힘이 없으면 연애도 사업도 국가 경영도 제대로 할 수 없는 시대에 우리는 살고 있다. 매력이 경쟁력이다. 항상 매력을 생각하라. 매력 없는 것은 과감히 버리고, 매력이 약한 것은 강하게 바꾸고, 전에 없던 새로운 매력을 창조하라."

윤은기 경영컨설턴트의 말이다. 그에 따르면 성공한 리더인 웅진그룹 윤석금 회장, 홈플러스 이승한 회장, 미국 전 대통령 버락 오바마는 공통적으로 '소프트 파워 리더십'을 가지고 있다. 그는 이를 '매력적 리더십'이라는 말로 정리했다.

이와 함께 방송 연예 분야에서 성공한 가수 김장훈, JYP 박진영, 개그맨 유재석, 배우 배용준에 대해서도 분석했다. 이들이 대중의 사랑을 잡아끄는 이유는 무엇일까? 이 역시 매력에서 찾고 있다.

이렇듯 윤은기 경영컨설턴트는 매력이 남성의 핵심 경쟁력이라고 보고 있다. 권력, 직장, 능력, 금력에 못지않게 한 남성의 성공과 실패를 좌우하는 결정적인 요소로 보는 것이다. 그래서 매력을 갖추라고 강조하고 있다.

그렇다면 어떻게 해야 매력을 갖출 수 있을까? 그는 이렇게 말한다.

"외적 매력은 보는 순간 바로 나오고, 내적 매력은 시간이 흘러가면서 차차 나오게 된다. 그래서 내적 매력을 소홀히 하는 경향이 있지만 그건 아주 근시안적 시각이다. 오래도록 지속되는 매력은 내면에서 우러나오는 매력이다. 간판이 화려하다고 좋은 게 아니다. 명문대를 나오고 석박사를 땄다고 저절로 매력적 인재가 되는 것이 아니다.

개인 총매력지수가 높은 사람이 진정한 인재다. 상품도 포장만 그럴싸하다고 매력적 상품이 되는 것은 아니다. 기능은 기본이고 소비자의 마음을 끄는 철학과 스토리가 담겨야 한다. 매출이 높고 연일 광고를 해댄다고 좋은 기업인 것도 아니다. 고객을 먼저 생각하고 사회에 공헌하는 고귀한 영혼을 가진 기업이 매력을 창조할 수 있다. 변화와 혁신도 여기에 초점이 맞춰져야 한다. 가장 이상적인 매력경영은 내적 매력과 외적 매력의 통합이다."

외적인 매력은 외모, 패션과 스펙에 의해 결정되고, 내적 매력은 사람으로서 갖추어야 할 인성에 의해 결정된다. 외적인 매력 가운데 패션은 다른 장에서 다룰 것이다. 여기에서는 내적 매력의 요소인 인성에 대해 알아보자.

프랑크 니우만의『호감의 법칙』(이기숙 옮김, 그책, 2009)이라는 책에서는 심리학자 엘리엇 애런슨의 연구 결과를 소개하고 있다. 그에 따르면 매력적인 사람은 우리와 가깝고 기분 좋은 사람이며, 여섯 가지 특징을 가지고 있다고 한다.

매력은 최고의 경쟁력이다. 남자들이 매력을 갖기 위해서는 다음 여섯 가지를 자신의 것으로 만들어야 한다.

낯선 사람에게도 신뢰를 보낸다.

남성들은 대개 낯선 사람을 경계하기 마련이다. 일정한 시간이 지나면 비로소 상대에 대한 경계를 풀고 진심으로 교류하기 시작한다. 하지만 낯선 사람을 부정적으로 보고 배타적으로 대하는 사람들도 많다. 이는 비호감을 살 뿐이다. 이와 달리 매력적인 남성은 처음 본 누구에게나 마음의 문을 열고 호의적으로 대한다.

객관성을 잃지 않는다.

대인과 소인의 차이도 여기에서 나뉜다. 대인은 언제나 객관성을 잃지 않는 반면, 소인은 그때그때 감정에 휩쓸려 객관성을 잃고 만다. 작은 물에서 놀 때는 이것의 중요성을 잘 깨닫지 못한다. 하지만 더 큰물에서 놀기 위해서는 엄정하고 객관적인 판단력을 가져야 한다. 매력적인 남성에게는 객관성이 중요하다.

갈등 상황을 잘 해결한다.

남성으로서 한 조직을 이끌어가는 직함을 얻을 때부터 수시로 갈등 상황을 맞이한다. 내부 조직원 사이에서, 그리고 외부 경쟁 조직 사이에서 끊임없이 갈등이 발생한다. 이를 감정적으로 대하면 문제가 악화된다. 매력적인 남성은 갈등을 원만히 봉합할 수 있는 절충점을 잘 찾는다.

상대방에게 공감한다.

다른 사람의 마음을 얻는 가장 좋은 방법은 역지사지다. 상대의 입장에서 바라보아야 상대의 마음을 잘 알 수 있으며, 진정으로 공감할 수도 있다. 매력적인 남성에게는 사람들이 따라다닌다. 그 이유는 바로 공감을 잘하기 때문이다.

선의의 거리를 유지한다.

좋은 일을 한답시고 충고질이나 지적질을 한다면 비호감으로 낙인 찍힌다. 선의를 가졌더라도 항상 일정한 거리를 유지하자. 이 거리를 넘어서는 것은 상대의 인격을 무시하는 것과 같다. 이 거리를 지키면 상대에게서 매력 점수를 얻을 수 있다.

말과 행동이 일치한다.

허풍을 떨거나 거짓말을 하는 사람에게는 신뢰감이 생기지 않는
다. 자신이 하는 말 하나하나에 책임을 지는 사람은 믿을 수 있다.
매력적인 남성으로 인정받는 이들은 말과 행동이 일치한다.

가까이 두고 싶은
남자는
매너남

이미지메이킹 강의를 하면서 화장품 사업을 하고 있다. 강의와 사업의 주 타깃은 여성이지만 그에 못지않게 남성 수요가 많다. 기업체 남성 임원과 남성 직원들도 이미지메이킹에 관심이 많은데, 이들 상당수가 외모에 대한 관심 때문에 고급 화장품을 선호하고 있다. 그래서 내가 내놓은 화장품은 꽤 많은 남성들이 사용하는 게 사실이다.

요즘 남성들은 여성 못지않게 외모에 신경을 쓰고 있다. 만만치 않게 비싼 고급 화장품으로 피부를 관리하고 있다. 다들 매력적으로 보이려고 노력하는 것이다. 이처럼 매력을 갖추기 위한 남성들의 노력은 사실 여성을 향한 것이다.

'여성에게 더 호감 있게 보이고 싶다.'

'더 젊게 보여서 젊은 여성들에게 매력적으로 보여야지.'

이런 심리가 남성을 지배하는 게 분명하다. 그런데 실제 여성들에게 매력적으로 어필하려면 외모만으로 부족하다. 꽃미남, 만찢남 같은 외모를 갖고 있다면야 상관없지만, 이런 경우는 극히 일부다. 그래서 다들 피부 관리를 해서 여성에게 더 매력적으로 다가가려고 한다. 하지만 이는 큰 효과가 없다.

여성에게 매력 어필을 하기 위해 좋은 방법은 매너를 지키는 것이다. 이미지메이킹 전문가로서 볼 때 그렇다. 주위 여성들의 반응을 봐도 그렇다고 말할 수 있다. 실제로 여성이 남성에게 매력을 느끼는 순간은 남성이 매너가 좋을 때다.

"나에게 친절하게 대해주는 매너가 너무 매력적인데."

"함께 차를 탈 때 나를 배려해준 매너가 너무 근사해."

남성의 외모가 조금 덜 받쳐주더라도 매너가 좋으면 그의 매력에 흠뻑 빠진다는 게 여성 심리에 대한 정확한 파악이다. 한 예로, 유느님이라 불리는 개그맨 유재석은 외모만 놓고 보면 호감형이라 할 수 없다.

그런데 그는 타의 추종을 불허하는 매너를 가지고 있다. 여성은 물론 남성과 일반 게스트, 그리고 팬들까지 세심하게 배려하는 매너가 지금의 유재석을 만들었다. 이러한 그의 매력 덕분에 미녀 아나운서 나경은을 인생의 동반자로 만들 수 있었다. 여성이 좋아하는 진정한 매력남이 누구인지 주위 여성들에게 물어보라. 그러면 대다수 여성이 외모가 아니라 매너가 좋은 남성을 호명할 것이다.

다음은 여성들에게 매력 점수를 높게 받을 수 있는 남성의
매너 노하우다. 이를 잘 실천하여 습관화한다면, 여성들을 사
로잡는 인기남이 될 것이다.

식사 데이트를 할 때

식당을 미리 예약하는 게 필수다. 식당에 들어설 때는 문을 열어주
어서 여성이 먼저 안으로 들어가게 한 후, 편한 자리에 앉게 한다.
창가나 안쪽이 좋다.

길을 걸을 때

차도 쪽에는 남성이, 인도 쪽에는 여성이 걷는 게 바람직하다. 여성
을 보호하는 차원이다. 이때 유의해야 할 것은 남성이 여성의 보폭
에 세심하게 맞춰줘야 한다는 점이다. 앞서 나가도 안 되고 뒤처져
도 안 된다.

엘리베이터, 에스컬레이터를 탈 때

엘리베이터에서는 남성이 버튼을 누른 채 여성이 먼저 탈 수 있게
한다. 그리고 여성이 내리면 그 뒤에 남성이 내린다. 에스컬레이터
의 경우 여성을 먼저 태우고 난 후 같은 단에 오른다.

자가용을 탈 때

자가용 문을 열어주는 건 기본이다. 그다음 탑승했을 때 어느 정도 친밀감이 형성된 이성이라면 직접 안전벨트를 매주는 게 좋다. 그렇지 않다면 실례가 되므로 벨트를 매라고 말해주는 게 좋다. 안전하고 편안한 주행을 해야 하며, 여성이 하차할 때는 내리기 편한 곳에 정차한다.

야외 데이트를 할 때

밖에서 데이트할 때는 여성이 앉는 자리에 유의해야 한다. 공원의 벤치는 비둘기의 오물이나 먼지 때문에 더러울 가능성이 높다. 따라서 평소 손수건을 준비하고 다니다가 여성이 앉는 곳에 손수건을 깔아주는 게 좋다.

여성의 눈을 사로잡는 매력을 원하는가? 아니면 여성의 마음을 사로잡는 매력을 원하는가? 진심으로 여성을 사랑하는 남자라면 당연히 후자다. 그렇다면 여성의 마음을 사로잡을 매너를 배우고 익혀야 한다. 매너가 남성의 매력이다.

호감의 법칙이
작용하는
남자의 말투

어느 곳에서나 눈길을 끄는 남성이 있다. 인사를 나누기 전에는 외모가 돋보이기 마련이다. 그런데 일단 인사하고 난 후에는 상황이 달라진다. 상대의 말투가 상대의 호감도를 크게 좌지우지하기 때문이다. 설령 외모, 패션에서 좋은 인상을 받지 못했다 하더라도 말투가 좋으면 이미지가 180도 달라질 수 있다.

"인상은 별로였는데 대화를 나눠보니 괜찮은 사람인걸."

"말투를 보니 너무나 매력적인 남성이야."

말투가 남성의 중요한 매력 요소임을 알 수 있다. 여기서 말하는 말투는 기술적으로 어떤 상황에서 써먹는 대화 노하우를 말하는 게 아니다. 대화법은 여러 가지가 있다. 하지만 모든 대화법은 공통적으로 배려하는 자세를 통해 상대방의 호감을 얻는 말투를 기본으로 한다.

사전적 의미의 말투는 말하는 본새, 버릇이다. 기술적인 대화법을 습득하기 전에 자신의 말투를 바르게 교정하는 게 우선이다. 대화법 전문가들은 이구동성으로 말투가 인간관계의 시작이라고 주장하며, 말투 하나만 바꿔도 대화 분위기가 싹 달라진다고 말한다. 말투는 결코 사소하거나 만만한 게 아니다.

평소 초고속 승진하려고 큰 노력을 해온 직장인 K씨. 그가 팀장을 맡으면서 문제가 생기기 시작했다. 그가 내게 상담을 요청해와서 대화를 나눠보았다. 그는 외모도 좋고 인성이며 실력도 나무랄 데 없었지만 머지않아 문제점이 무엇인지를 알 수 있었다. 그에게 진단을 내려주었다.

"따로 대화법을 배우셨는지 대화 스킬은 뛰어나신 듯해요. 그런데 문제는 말투입니다. 기본적인 말투에서 비호감이 느껴지네요."

그는 습관적으로 '보통은~' '~ 때문에' '고작~' '왜~'이라는 말투를 썼다. 이는 상대를 무시하는 듯한 말투다.

'보통은~'은 자기만의 기준을 세워서 '보통은 ~ 해야 해.'라고 단정 짓는 말투이며, '~때문에'는 상대를 탓하는 말투이다. 그리고 '고작~'은 불만에 가득차서 상대의 기분을 상하게 하는 말투이며, '왜~'는 꼬치꼬치 따지는 말투다. 이런 말투를 자주 하면 상대가 기분이 좋을 리 없다.

K씨에게 다음과 같이 말투 교정을 조언해주었다. 이렇게 살

짝 말투를 바꿔주는 것만으로도 상대의 호감을 얻을 수 있다.

'보통은~' → '사람마다 달라서~'

사람마다 능력, 개성이 다르다. 그렇기 때문에 일방적인 기준을 철회하고 상대방의 다름을 인정하는 말투가 좋다.

'~ 때문에' → '~덕분에'

탓하는 것보다 고마워하는 말투가 큰 호감을 불러온다. 이 역시 습관이 중요하다. 평소 감사하는 자세를 가진 남성은 대화 상대를 섣불리 탓하지 않는다. 감사하는 자세를 가지면 저절로 대화 상대에게 감사하게 된다.

'고작~' → '이만큼씩이나~'

매사에 불만투성이인 사람은 말투에서 그 성격이 드러난다. 그런 말투는 듣기만 해도 불쾌하기 짝이 없다. 아무도 그와 상종하기 싫어한다. 따라서 만족해하는 말투를 습관화하는 게 좋다.

'왜~' → '당신 생각은~'

따지는 사람보다 경청하는 사람이 상대방의 호감을 얻는다. 상대를 무시하는 말투가 곧 따지는 말투다. 상대를 존중하는 사람은 항상 상대의 생각을 존중하고 묻는다. 이런 사람은 주위 사람들로부터 호감을 받는다.

남성들이 직장생활에서, 사회생활에서 혹은 연인관계에서 호감을 주는 말투를 쓰려면 어떻게 하는 게 좋을까? 우선, 평소 쓰던 말투에 관심을 기울이고 부정적인 말투를 삼가는 게 좋다. 그다음에는 상대방의 기분이 좋아지고 마음이 편해지는 말투를 습득하는 게 바람직하다.

그런 말투는 부지기수지만 여기서는 딱 한 가지만 알려드린다. 이것만 습관화해도 호감 있는 말투가 될 것이다. "I 메시지 말투"다. 이것은 '나'를 주어로 내세워서 말하는 것이다. 특히 대화 상대와 감정이 상할 수 있는 상황에서 '나'를 넣으면 효과 만점이다. 이렇게 하면 말하는 사람은 감정을 추스를 수 있고, 상대를 존중하는 태도를 견지하기도 쉽다.

상대가 자기 뜻대로 잘 따라주지 않을 때, "자네, 왜 그렇게 내 말을 잘 안 들어?"라고 하지 말고 이런 말투를 써 보자.

"나는 자네가 내 말에 좀 신경을 썼으면 좋겠어."

여자 친구가 자꾸 데이트 약속 시간에 늦게 와서 스트레스가 생길 때, "자기는 항상 이렇게 늦더라."라는 말투 대신에 이런 말투를 하는 게 좋다.

"나는 자기가 자꾸 늦는다고 생각해. 자기 생각은 어때? 내 생각이 맞지?"

호감을 주는 말투는 하루아침에 생기지 않는다. 대화법, 대화 요령은 책 몇 권을 읽고 습득할 수 있는 것이 아니다. 상대에 대한 존중, 자신의 감정을 제어하고 책임지는 자세가 생활화될 때 비로소 호감어린 말투가 생긴다.

매일 아침
성공을 입는 남자
-슈트전략

"매너가 사람을 만든다(Manners Maketh Man)."

2015년에 개봉한 영화 〈킹스맨〉에서 콜린 퍼스가 한 말이다. 그는 대사에 걸맞게 영국 신사다운 매력을 마음껏 자랑했다. 특히 그는 신사로서 갖춰야 할 매너의 기본에 매우 충실해서 더 강한 인상을 줬다. 영화 내내 깔끔한 더블 슈트를 차려입고 나온 것이다.

이로부터 그의 행동거지 하나하나, 말투 하나하나에서 깍듯한 매너가 어우러져 나왔다. 악당과 대비되는 인물로 그려졌기에 그의 매력은 더욱 높아졌다. 그는 여성들에게 어떻게 비쳐질까? 다비치의 멤버 강민경은 주저없이 말했다.

"내 이상형이 영국에 있다. 배우 콜린 퍼스를 좋아한다."

강민경이 그에게 빠진 이유는 단지 그의 출중한 외모 탓이 아니다. 사실 콜린 퍼스 하면 신사의 아이콘을 떠올릴 정도로 슈트 차림으로 유명하다. 강민경이 그를 사랑하는 이유는 그가 슈트 차림의 신사를 상징하기 때문일 것이다. 강민경만이 아니다. 세상의 모든 여성은 슈트 차림을 한 남성에게 매력을 느낀다. 남성 사회에서도 슈트 차림을 한 남성은 신뢰감과 말끔한 인상을 주기 때문에 매력지수가 더 높아진다. 슈트는 이성 관계에서는 물론 비즈니스와 사회생활을 할 때도 남자에게 없어서는 안 될 복장임에 틀림없다.

어떻게 하면 슈트를 통해 남성의 매력도를 최고로 높일 수 있을까? 감색 슈트와 회색 슈트 두 가지를 마련하는 게 기본이다. 회색 슈트 한 벌, 감색 슈트 한 벌로 4가지 스타일을 연출할 수 있다. 슈트를 살 때는 의자에 앉았을 때 목, 어깨, 가슴 주위에 주름이 생기지 않는지 체크해야 한다. 그리고 셔츠 깃이 재킷 위로 1.5센티미터 정도 올라와야 한다.

다음은 필수적인 체크 항목이다.

바지기장 : 구두굽이 반 정도 덮이고 앞부분이 살짝 접히는 정도가 적당하다.

바지통 : 너무 넓거나 좁지 않은 것을 선택해야 어느 장소에나 잘 어울린다.

깃 너비 : 8~8.5센티미터가 유행을 타지 않는 적당한 너비다.

재킷 길이 : 엉덩이가 가려질 듯 말 듯한 것이 적당하다.

밴트 길이 : 재킷 길이의 3분의 1정도가 적당하다.

　감색 슈트와 회색 슈트에 대해 자세히 알아보자. 진한 감색 슈트로는 긴장감을, 밝은 감색 슈트로는 활기를 표출할 수 있다. 감색의 좋은 점은 다른 색을 무난하게 소화해 내기 때문에 패션 센스가 없거나 패션에 전혀 관심 없는 사람이 입어도 웬만큼 산뜻하고 깔끔한 느낌이 난다는 점이다. 감색을 검은색과 비슷하게 취급하는 사람이 있을지도 모르겠다. 감색과 검은색은 색깔에서 큰 차이가 없지만, 상대에게 전해지는 느낌은 전혀 다르다.

　검정에 가까운 진한 감색은 그 옷을 입은 사람을 탄탄하고 날씬하게 보이게 만든다. 이와 함께 긴장감을 느끼게 한다. 밝은 감색 슈트를 입으려면 가는 줄무늬가 들어간 옷이 좋다. 이는 줄무늬로 도회적인 느낌이나 세련된 이미지를 연출하기에 좋기 때문이다. 참고로 줄무늬의 폭은 가늘수록 안정적이고 침착해 보이며, 두꺼울수록 젊고 화려해 보인다. 행동적이고 깔끔하고 샤프한 느낌을 내고 싶다면 감색 위주로 코디하는 게 좋다.

　회색 슈트는 차분하고 세련된 맛이 있다. 어떤 색상의 셔츠나 넥타이에도 무난히 어울릴 뿐만 아니라 장소에도 구애받지 않는다. 침착하고 부드러운 이미지를 연출하고 싶다면 회색 위주로 코디하는 것이 좋다.

슈트 차림에는 몸에 딱 맞는 셔츠를 입어야 한다. 셔츠를 잘 입어야 슈트 차림이 명품 차림이 된다. 설령 저렴한 가격의 슈트를 입더라도 셔츠만 잘 갖추면 고급스럽게 연출할 수 있다. 셔츠를 고를 때 체크해야 할 것은 어깨너비와 목둘레, 그리고 소매길이다. 치수만 보고 사버리면 낭패를 보기 십상이니 꼭 입어 보기 바란다. 목둘레는 가장 위의 단추를 채웠을 때 셔츠와 목 사이로 손가락 한두 개가 들어가는 정도, 혹은 자신의 목둘레보다 1.5센티미터 정도 큰 치수가 적당하다.

다음 셔츠의 디테일을 참고해서 매력 넘치는 슈트 차림을 완성하도록 하자.

1. 밴드-체형에 따라 높이를 다르게 해야 한다. 목이 짧은 사람은 짧게 한다.

2. 옷깃-셔츠의 이미지를 결정한다. 심지는 부드럽게 구부러지는 것이 좋다.

3. 화장- 목덜미 중심에서 어깨선을 지나 소매 끝에 이르는 길이로, 보통 '팔 길이'라 한다.

4. 견볼-손목 트임에 천을 덧대어 산 모양을 이룬 부분으로, 이 부분이 말끔하게 처리되어야 셔츠의 품격이 느껴진다.

5. 가제트-앞뒤 옷자락의 이음새를 단단하게 하기 위해 천을 덧댄 것으로, 주로 고급 셔츠에만 사용한다.

6. 테일-옛날 영국에서는 앞뒷판을 길게 만들어 팬티 역할까지 하게 했다고 한다. 고급 셔츠일수록 앞뒷판의 길이가 긴 편이다.

7. 요크-셔츠의 착용감은 이 부분에서 결정된다. 어깨나 팔의 움직임이 자연스러우면서 몸에 착 감기는 감촉이 느껴져야 한다.

8. 견끝-깃의 뾰족한 부분으로 포인트라고도 한다. 길이에 따라 쇼트 포인트(스포트 포인트), 레귤러, 롱 포인트(클래식 포인트)가 있다.

슈트 차림을 완성하는 것은 넥타이다. 통상적으로 장소와 상대를 배려하고 있는지는 넥타이를 보면 알 수 있다. 청색 계열의 굵은 줄무늬는 젊음과 행동력을 상징한다. 젊음보다 노련미를 강조하고 싶다면 감색 줄무늬 사이에 빨간 줄무늬가 하나 들어간 것을 선택한다. 황색 줄무늬는 친숙함을, 녹색 줄무늬는 청량감을 준다.

넥타이의 무늬는 클수록 개성이 강해 보인다. 첫 만남에서는 취향을 드러내지 않는 편이 좋기 때문에 큰 무늬나 튀는 색상은 피해야 한다. 꼭 하나 가지고 있어야 할 것이 광택이 감도는 회색 넥타이다. 감색 슈트에 흰 셔츠와 광택이 나는 회색 넥타이를 매치하면, 비즈니스맨의 도를 넘어서지 않는 선에서 화려함을 연출할 수 있다.

넥타이 매듭의 크기는 셔츠 깃의 너비에 맞추는 것이 정석이다. 셔츠 깃이 넓으면 매듭을 크게 하고 셔츠 깃이 좁으면 매듭도 작게 매는 것이 어울린다. 넥타이 매듭의 크기는 얼굴의 크기에 따라서도 달라져야 하는데 너무 작으면 얼굴이 상대적으로 더 커보일 수 있으니 주의해야 한다. 넥타이 길이는 벨트 버클을 가릴 듯 말 듯한 길이가 적당하다.

슈트는 남성 모두에게 필수적인 복장이다. 어떤 상황이든, 누구를 만나든 자신의 매력을 최고로 연출하고 싶을 땐 슈트를 입으면 된다. 이때 셔츠와 넥타이를 조화롭게 갖추어 입는 게 중요하다.

데이트 복장은 예복과
유니폼 그 사이
어디쯤

여자는 소개팅을 앞두고 패션에 신경을 많이 쓴다. 추운 겨울에도 몸매를 예쁘게 드러내 보이고자 치마를 고집하는 경우가 있다. 스커트로 소개팅에 나온 남자에게 자신의 매력을 한껏 뽐내고 싶어한다. 남자는 어떨까? 요즘은 남성들도 소개팅에 앞서 복장에 신경을 많이 쓴다. 그런데 제 딴에는 제법 갖춰 입었다는데 비호감으로 낙인찍히는 경우가 있다.

재작년, 롱패딩 열풍이 불 때였다. 평소 알고 지내던 한 직장인이 소개팅에서 퇴짜를 맞았다며 하소연했다. 그는 날씨가 엄청 추웠던 탓에 회사 출근할 때 입은 유명 브랜드 롱패딩을 소개팅에 입고 갔다. 약속 시간이 되어 여성이 나타났다. 상대 여성은 추위에 아랑곳하지 않고 화사한 겨울 투피스 차림이었다.

여성이 나타나기 전에 롱패딩을 벗고 있었다면 그나마 나았을 것이다. 여성이 약속 장소로 들어섰을 때 남성이 입은 롱패딩을 보고 말았다. 여성의 얼굴에서 실망감이 역력했다. 그래서 애프터가 이루어지지 못했다.

팬찮은 직장에 다니는 30대 남성 중에 이런 케이스가 적지 않다. 그들은 독립해서 살면서 많은 시간을 회사에서 보낸다. 그러다가 기회가 되면 소개팅에 나가기 때문에 패션에 많은 신경을 쓰지 못한다. 그래서 여성을 만나지 못하는 경우가 적지 않다.

이런 분들을 위한 이미지메이킹 수업에서 나는 이렇게 강조하고 있다.

"소개팅에서 매력을 어필하려면 우선 복장에 신경을 써야합니다. 좋은 직장, 멋진 외모를 가졌다고 해도 첫인상에서 복장으로 낮은 점수를 받는다면 결코 여성의 호감을 얻을 수 없어요. 소개팅에는 튀지 않으면서 단정한 복장이 좋습니다."

구체적으로 4가지 팁이 있다. 첫 번째는 옷을 깔끔하게 입으라는 것이다. 지나치게 유행을 쫓는 옷은 좋지 않다. 그냥 여성이 보기에 꽤 신경 써서 옷을 단정하게 입은 모습을 보여줘야 한다. 아무리 '최애템'이라고 해도 낡은 느낌이 나는 옷은 피하는 게 좋다. 깨끗하면서도 잘 매치된 복장이 좋다.

두 번째는 자신에게 잘 어울리는 옷을 입으라는 것이다. 상당수 남성은 여성의 패션 감각을 따라가지 못하는 게 현실이다. 기껏 마음먹고 옷을 산다고 하지만 자신에게 어울리는지를 고려하지 않고 오로지 옷 디자인 자체만 보는 경우가 허다하다. 그래서 언밸런스한 꼴불견 패션이 되고 만다. 만약 남성이 30후반에 들어섰다면, 10대 감성의 셔츠와 구두는 삼가는 게 좋다. 30대에 맞는 옷과 구두를 착용할 때, 상대 여성이 따뜻한 눈길을 보낼 것이다.

세 번째는 장소에 어울리는 옷을 입으라는 것이다. 소개팅 장소는 호프집, 레스토랑, 카페 등 다양하다. 센스 있는 남성은 소개팅 장소에 어울리는 복장에 신경을 쓴다. 가령 레스토랑에 갈 때는 세미 정장 차림을 하고, 카페에 갈 때는 편한 재킷 차림을 할 수 있다. 이것만 잘 지켜도 패션 감각이 좋다는 이미지를 여성에게 심어줄 수 있다.

네 번째는 사이즈를 잘 맞추라는 것이다. 남성들은 수선소를 찾는 일이 잘 없다. 여성은 어떨까? 조금만 사이즈가 안 맞아도 수선을 맡긴다. 딱 자기 체형에 맞는 옷을 입어야 비로소 흡족해한다. 남성들도 여성들의 절반만이라도 따라가야 하지 않을까? 터프하다며, 조금 큰 크기의 옷을 걸치고 다니는 남성이 많다. 이는 자기만족에는 좋지만 결코 여성의 마음을 사지 못한다는 사실을 명심하자.

이렇게 네 가지만 잘 지켜도 소개팅 자리에서 남성적인 매력을 뿜뿜 연출할 수 있다. 여기에다 남성이 흔히 저지르는 최악의 복장 7가지를 알려드린다. 이는 남성 잡지 「GQ」에서 여성을 대상으로 한 설문조사에 나온 것이다. 이를 숙지하고 꼭 피해야 한다.

민소매 상의 : 이 복장은 결정적으로 '겨털'을 노출하고 만다는 점을 잊지 말라.

금팔찌 : 금목걸이와 금팔찌는 소개팅시 금기 아이템이다.

클러치 백 : 의외로 여성들은 남성이 이 아이템을 들고나오면 비호감으로 본다.

발목 양말 : 흰색 발목 양말에 검정 구두는 최악이다.

로고벨트 : 로고가 박힌 벨트는 청춘에게 양보하는 게 좋다.

베스트 : 베스트 착용 시 반드시 재킷을 걸쳐야 한다.

깃 세운 폴로셔츠 : 이는 멋 내려는 중년남성에게나 맞다.

性적 매력이
느껴지는
책을 든 남자

많은 남성들이 여성에게 매력적으로 보이고자 무진 애를 쓴다. 대학생, 직장인은 물론 중년들도 마찬가지다. 한 조사에 따르면, 가정이 있는 중년 남성들도 20대 여성의 기준에서 매력적으로 보이려는 욕망을 가지고 있음이 밝혀졌다. 20대 여성의 눈에 매력적인 모습을 간직하고 싶어 하는 것은 남성 모두의 공통된 심리다.

그래서 남성들은 매력적으로 보이기 위해 어떤 면에 신경을 쓰고 있을까? 일부 남성들은 휘트니스 센터에서 근육질 몸매로 가꾸기에 여념이 없다. 이제 마른 체형은 자기 관리에 불성실한 것으로 여겨질 정도다.

몸매 가꾸기가 남성의 매력도를 높이는 것은 사실이다. 하지만 지나치게 외적인 면에만 현혹되지 말아야 한다. 근육질 몸

만들기에만 신경 쓴 나머지 서너 달에 책 한 권도 안 읽는다면 될 말인가? 머리가 텅텅 비었더라도 몸매만 탄탄하면 여성들에게 높은 매력점수를 받을 수 있을까?

그렇지 않다. 여성들은 남성의 몸매와 상관없이 지성에 의해서도 성적인 매력을 느낀다. 이는 '사피오섹슈얼리티(sapiosexuality)'라는 용어를 보면 알 수 있다. 이 단어는 '지적 능력에서 성적인 매력을 느끼거나 성적 흥분을 일으키는 현상'이라는 뜻이다.

서호주대학의 질레스 지냐 교수가 이끄는 연구팀은 흥미로운 연구를 진행했다. 18~35세의 성인 남녀 383명을 대상으로 연인에게서 어떤 특성을 중시하고, 어떤 점에서 매력을 느끼는지에 대해 알아본 것이다.

피실험자들에게 건넨 대표적인 설문조사 항목은 다음과 같다. 여기에 1~5점을 매기도록 했다.

매우 지적으로 말하는 사람의 말을 들으면 성적으로 흥분한다.
파트너와 지적 자극을 주는 대화를 나누면 성적으로 흥분한다.

그 결과, 대다수 피실험자가 상대 연인이 지성적이길 원했다. 특히, 18세에서 35세의 일부(1~8퍼센트)가 지적 능력에 의해 성적 흥분을 일으키는 사피오섹슈얼인 것으로 밝혀졌다. 또한 지성은 '친절함과 이해심'에 이어 두 번째로 중시되는 연인의 특징으로 밝혀졌다.

이 결과를 토대로 연구팀은 이렇게 결론을 내렸다.

"연인에게 바라는 특성과 연인의 지능지수(IQ) 사이의 관련성은 곡선적(비직선적)인 것으로 나타났다. 사람들은 상위 10퍼센트인 IQ 120에 가장 큰 호감을 나타냈으며, IQ 120~135 구간에서는 약간 떨어졌지만 여전히 높은 수준을 유지했다."

인디애나대학의 데비 허브닉 교수 또한 이렇게 말했다.

"대부분의 사람들은 자신의 파트너와 지적인 교류를 합니다. 사피오섹슈얼은 지적 요인을 가장 중요하게 여긴다는 차이가 있죠."

따라서 여성에게 매력적으로 보이고 싶은 남성이라면 당장 손에 책을 들어야 한다. 집안, 출근길, 등하굣길, 직장, 공공장소에서 책을 펼쳐서 시선을 고정해야 한다. 이렇게 해서 근육질 몸매에 버금가는 '근육질 두뇌'를 만들어야 한다. 그래야 여성들이 호감을 갖고 마음의 문을 연다.

한 20대 여성이 지하철에 올랐다고 하자. 그녀의 눈에 두 명의 남자가 들어왔다. 한 20대 남성은 민소매 티셔츠를 입은 채로 이두박근과 삼두박근을 자랑하며 주위를 흘끔흘끔 쳐다보고 있다. 또 한 명의 20대 남성은 안경을 썼고 딱 봐도 빈약한 체구인데, 두툼한 책을 펼쳐 보고 있다. 그렇다면 이 여성은 누구에게 마음이 끌릴까? 이미 결론이 나왔다.

후자다. 그 여성은 책을 읽는 남성이 뿜어내는 성적 매력을 거부할 수 없다. 그의 지적인 매력에 흠뻑 빠진 여성은 당장이라도 그 남성의 품에 안기고 싶어 할 것이다.

여성과 소개팅을 할 때도 그렇다. 아무리 남성이 외모, 학벌, 근육질 몸매를 자랑해도 여성은 눈썹 하나 깜빡하지 않는다. 하지만 상대 남성이 탁자 위에 책을 놓고 이렇게 말을 하면 달라진다.

"요즘 읽는 책이에요. 이 책 한번 읽어보길 추천해드립니다. 이 책의 저자에 따르면 사람의 심리는요…."

여성의 눈에 하트가 뿅뿅 생길 게 분명하다.

뉴욕타임스는 최근, 지성적 아름다움이 성적 매력으로 여겨지는 사피오섹슈얼리티(sapiosexuality)가 새로운 취향으로 대두하고 있다고 말했다. 상당수의 사람들에게 가장 섹시한 신체 부위가 바로 뇌라는 말이다. 이성에게 매력적으로 보이고 싶어 하는 남성에게 뇌섹남은 운명이다.

끌리는 악수,
신뢰감이 느껴지는
손길

교육기관을 운영하다보니 비즈니스 종사자를 많이 접한다. 특히, 기업체 오너와 CEO, 그리고 임원들을 수시로 만나면서 각종 지역 행사와 세미나를 하고 있다. 각 분야에서 일가를 이룬 분들과 만나다 보니, 좋은 첫인상을 주려고 노력한다.

내가 특히 신경을 많은 쓰는 것은 악수 에티켓이다. 이제는 기업인과의 모임 자리에서 상대의 악수 에티켓만 봐도 상대가 어느 정도의 교양과 인품을 지녔는지 알 수 있다. 이를 통해 상대가 전문적인 기업인인지 아닌지 짐작할 수 있다. 나 역시 상대방에게 잘 보이기 위해 악수 에티켓에 각별히 신경을 쓴다.

악수 예절은 비즈니스맨으로서 기본적으로 갖춰야 할 덕목이다. 특히나 기업인은 수시로 여러 분야의 사람들과 미팅을 한다. 이를 통해 매출을 올리거나, 투자를 받는다. 그래서 사업

수완이 뛰어난 분들은 악수 예절에서 서툰 구석을 절대 보이지 않는다.

간혹 허둥거리며 예의에 어긋나게 악수를 하는 기업인이 있다. 이는 비즈니스맨으로서 갖춰야 할 기본 에티켓이 낙제점이라고 홍보하는 것과 같다. 누가 그와 손잡고 사업을 논의하고 싶어 하겠는가?

실제로 지인인 모 기업체 CEO는 이런 이야기를 한 적이 있다.

"모 회사와 MOU를 맺으려고 그 회사 대표를 만났어요. 그 회사는 생긴 지 얼마 안 되었지만 높은 실적을 내고 있었지요. 그런데 그 대표의 첫인상이 별로였습니다. 악수하는 법이 영 아니더라고요. 이걸 보고 이 대표는 비즈니스 에티켓이 엉망이구나, 이래가지고서야 회사가 얼마나 성장할 수 있겠나 생각했죠. 결국 핑계를 대고 MOU를 미루고 말았지요. 얼마 후 신문 기사를 보니까 그 회사 대표가 바뀌었더군요."

기업인은 반드시 악수 예절을 숙지해야 한다. 자신에 대한 철저한 관리와 상대에 대한 존중이 이 예절을 통해 드러난다. 악수 에티켓은 기업체 오너, CEO, 임원뿐만 아니라 모든 직종의 비즈니스맨이라면 필수적으로 갖춰야 할 것이다.

그러면 악수 에티켓에 대해 자세히 알아보기로 하자.

악수는 앵글로색슨계 민족 사이에서 손에 무기가 없다는 것을 알리기 위해 자연스레 생겨난 인사 방식이다. 중세시대 기사들은 칼을 왼쪽 허리에 차고 있다가 오른손으로 뽑아 싸우는 것이 일반적이었다. 하지만 싸울 의사가 없을 때 공격하지 않겠다는 뜻으로 칼을 사용하는 오른손을 내밀어서 맞잡았다. 악수는 여기에서 비롯되었다. 따라서 악수는 화해의 동작이며 상대에 대한 믿음과 친밀감의 표현이다. 지금도 악수는 특별한 장애가 없는 한 반드시 오른손으로 하는 것으로 되어 있다.

악수는 윗사람이 아랫사람에게, 기혼자가 미혼자에게, 선배가 후배에게 먼저 청해야 한다. 다만 국가 원수, 왕족, 성직자 등은 예외다. 악수할 때 허리를 굽히거나 두 손을 잡지 않는 것이 매너지만, 상대가 윗사람이라면 상체를 조금 기울이는 것도 좋다.

악수는 우정의 표시인 만큼 너무 느슨하게 쥐면 차가운 느낌을 줄 수 있다. 손가락 끝을 잡거나 스치듯 가볍게 쥐는 것도 실례다. 남자들끼리 악수할 땐 오히려 적당히 힘을 주는 편이 낫다. 손을 너무 오랫동안 쥐고 있지 않도록 주의하는 게 좋다. 그리고 자신의 어깨보다 높이 올려서는 안 되며 눈을 똑바로 봐야 한다. 특히 서양인과 악수할 때 시선을 돌리면 비굴하거나 떳떳하지 못한 사람으로 오해받을 소지가 있다.

악수를 하면서 왼손으로 상대의 손을 맞잡고 굽실거리거나 어깨를 껴안는 등의 행동은 품위를 떨어뜨린다. 또 외국에선

고위 관료가 운전기사에게 악수를 청하는 식의 행동도 사회적 신분이 다른 사람을 무시하는 것으로 받아들일 가능성이 있으므로 주의해야 한다.

오른손에 물건을 들고 있을 때는 빨리 왼손으로 옮기거나 땅에 내려놓은 뒤 악수를 주고받는다. 오른손에 물건이 있다 해서 왼손을 내미는 것을 대단히 큰 실례가 된다.

상대가 악수를 청할 때 남성은 반드시 일어서야 한다. 여성은 앉은 채로 악수를 받아도 상관없다. 남녀 사이에서는 일반적으로 여자가 먼저 악수를 청하는 것이 바람직한데 파티석상에서는 순서가 바뀌어도 상관이 없다. 유럽에서는 여자는 앉아서 손을 내밀어도 되지만 남자는 반드시 일어서서 손을 잡아야 한다. 이것은 "레이디퍼스트"의 서양예절인 부분도 있고, 기사도 정신에서 나왔다고도 볼 수 있다.

남성은 악수할 때 장갑을 벗는 것이 격식에 맞다. 특히 여성과 악수할 때는 반드시 벗어야 한다. 다만 갑작스런 만남에서 여성이 손을 내밀 때, 장갑을 벗느라 상대를 기다리게 하는 것보다는 양해를 구한 뒤 장갑을 낀 채 신속하게 대응하는 편이 더 낫다. 여성은 승마장갑이나 청소용 장갑이 아닌 이상 꼭 벗을 필요가 없다.

악수를 어떻게 하느냐로 상대는 당신을 판단한다. 직장에서

새 동료를 만나게 되었는가? 다른 회사 대표와 비즈니스 계약을 앞두고 있는가? 그렇다면 우선 악수에 신경을 써라. 상대는 당신의 악수에서 신뢰감을 얻는다.

남자의
성공 시작 카드는
명함

사회생활을 하다보면 낯선 사람들과 만날 때가 종종 있다. 그럴 때마다 서로 명함을 주고받으며, 직함을 익히고 통성명을 한다. 잘못된 명함 매너를 가진 사람은 상대방에게 불쾌한 인상을 주거나 회사 이미지를 실추시킬 수 있기 때문에 주의해야 한다.

간단한 것 같지만 꼭 신경 써야 할 올바른 명함 매너는 무엇일까? 일단 상대방이 잘 읽을 수 있도록 건네야 한다. 명함을 케이스나 지갑에 깨끗하게 보관한 상태에서 꺼내는 것이 좋다. 주머니나 가방에서 아무렇게나 구겨진 명함을 건네면 준비되지 못한 인상을 주며, 상대방을 배려하지 않는 것처럼 보이기 때문에 명함 매너로는 최악이다.

올바른 명함 매너는 두 손을 사용해서 전달하는 것이다. 아무리 내가 더 윗사람이고 유리한 위치에 서 있는 사람이라고 할지라도 이러한 명함 매너를 지키지 않으면 나와 회사의 가치를 깎아먹을 수 있다.

명함을 받을 때는 공손히 받고, 바로 주머니에 넣기보다는 잠깐 동안 명함을 응시하고 직함과 이름을 암기해두는 것이 대화할 때 좋다. 받은 명함을 실수로 챙겨가지 않으면 오히려 악영향이 생기므로 자리를 뜰 때 꼭 챙겨야 한다. 또한 메모할 거리가 생길 것에 대비해서 메모지를 따로 준비해야 한다. 명함에 급하게 메모를 하면 상대방에게 좋지 않은 인상을 준다. 혹명함의 직함이나 이름을 한자로 적어놓아 읽지 못하는 경우에는, 솔직하게 직함과 존함을 묻는 것이 좋다. 몰라서 물어보는 것은 결례가 아니다. 오히려 처음에 존함을 모르는 채로 상당한 이야기가 진행되다가, 나중에 곤란한 상황에 처할 수 있음을 기억하자.

생각보다 고려해야 할 명함 매너가 참 많다. 그래도 명함 매너를 잘 익혀둬야 거래처 사람들이나 새로운 사람들과 대면할 때 결례를 범하지 않으며 자신을 예의바른 사람으로 각인시켜줄 수 있다.

비즈니스맨의 가치를 올려주는 18가지 필수 명함 매너를 소개한다. 잘 숙지해서 비즈니스맨으로서의 품격을 지켜나가자.

1. 명함은 원칙적으로 명함 케이스에 넣어야 한다. 명함은 케이스에 거꾸로 넣어두고, 한 번에 꺼내서 상대에게 줄 수 있도록 준비한다.

2. 상대를 기다리게 하고 명함을 찾는 것은 매너에 어긋난다.

3. 명함은 깨끗한 상태로 여유 있게 준비한다. 남성은 가슴 포켓 또는 양복 명함 주머니에, 여성은 핸드백에 넣어 둔다. 남성이 상의 주머니나 하의 뒷주머니에서 명함을 꺼내는 것은 미관상 좋지 않다.

4. 명함을 주고받을 때는 먼저 자신의 소개를 짤막하게 한 다음에 하는 게 좋다.

5. 명함은 서서 주고받는 것이 매너다.

6. 명함을 건넬 때는 반드시 상대방이 읽기 편하게 자기의 이름이 상대방 쪽을 향하게 한다.

7. 지나치게 고급스러운 명함은 피하는 것이 좋다. 금빛이 번쩍거리는 명함은 꼴불견이다.

8. 명함은 손아랫사람이 윗사람에게 먼저 건넨다.

9. 명함을 받으면 하의 주머니에 넣지 말고 상의 안쪽 주머니에 넣는다.

10. 명함을 건네는 위치는 상대방의 가슴 높이가 적당하다.

11. 명함은 오른손으로 건네고 왼쪽 손바닥으로 받는다.

12. 받은 명함은 두 손으로 잡고 본다.

13. 상대방이 보는 앞에서 방금 받은 명함에 글씨를 쓰는 것은 매

너에 어긋난다. 반드시 메모지를 사용한다.

14. 상대에게 양해를 얻고 명함에 토를 달아 두는 것은 매너에 어긋나지 않는다.

15. 상대방의 명함으로 자기도 모르게 손장난을 하는 수가 있으니 주의해야 한다.

16. 자신의 이름이나 소속을 말하지 않으면서 명함만 건네면 거만한 인상을 줄 수 있다.

17. 길이나 복도에서 선 채 교환할 때는 상대방의 명함을 두 손으로 받은 다음, 준비된 자신의 명함 위에 포개어 놓고, 자신의 명함을 밑에서 꺼내어 역시 두 손으로 건네야 한다.

18. 파티 석상에서는 명함을 주고받지 않는다.

명함은 남성의 얼굴이다. 특히 비즈니스를 하는 남성에게 명함은 관계의 첫 단추다. 정중한 예절을 지키며 주고받은 명함을 통해 새로운 비즈니스 인맥이 만들어지기도 하고, 새로운 비즈니스가 성사되기도 한다. 깍듯한 명함 매너가 품격 있는 비즈니스맨을 만든다.

美치도록 끌리는
男자가
사람을 경영!

"사람의 마음을 움직이는 사람이 리더다."

하버드 대학교 하워드 가드너 교수의 말이다. 누구나 한 번쯤 리더를 꿈꾼다. 정치계, 경제계, 스포츠계, 문화예술계에서 사람들의 선망을 한 몸에 받는 리더가 되고 싶어한다.

리더는 사람들로 하여금 자신에게 순종하게 하거나, 자신을 뒤따르도록 지시만 내리는 사람이 아니다. 이러한 리더는 과거의 독불장군형 리더처럼 존재감을 반짝 부각할 뿐, 아무도 그를 인정해주지 않는다.

하워드 가드너 교수의 말처럼 모든 사람이 인정하는 진정한 리더는 사람의 마음을 움직이는 리더다. 이런 리더는 강압과 지시, 훈계 대신에 조직원의 자발성을 최대치로 이끌어낸다. 어떻게 하면 이런 리더가 만들어질 수 있을까? 이러한 리더는 다음의 세 가지 매력을 갖고 있어야 한다.

신체적인 면: 체력, 표정, 용모, 목소리
행동적인 면: 솔선수범, 추진력, 적극성
성격적인 면: 친화력, 책임감, 끈기

이 세 측면에서 골고루 매력지수가 높다면 그는 사람을 움직이는 리더의 자격을 갖춘 셈이다.

그러면 매력적인 리더가 실전에서 사람을 움직이기 위해 활용하는 기술에는 어떤 것이 있을까? 대표적으로 다음 세 가지가 있다.

먼저, 신체적인 면에서 강한 체력으로 사람을 움직인다. 리더는 사무실에 앉아서 서류를 결재하기만 하는 사람이 아니다. 현장에서 직접 부딪히면서 문제를 해결하고 조직의 단합을 이끌어내는 사람이다. 이렇게 하려면 보통 사람 이상의 강인한 체력이 필수다.

민주화 정치인으로서 14대 대통령에 당선된 김영삼은, "머리는 다른 사람이 대신할 수 있어도 건강은 다른 사람이 대신할 수 없다."라고 하면서 매일 조깅을 하면서 건강을 지킨 것으로 유명하다. 많은 사람의 마음을 움직이려면 강한 체력에서 뿜어져 나오는 자신에 찬 목소리를 가지고 있어야 한다.

또한 리더는 행동의 측면에서 솔선수범하여 사람을 움직인다. 서양에서는 '노블레스 오블리주(noblesse oblige)' 문화가 형성되어 있다. 이는 사회적 지도층의 도덕적 의무를 뜻한다. 사회적으로 신분이 높은 리더들이 몸을 사리거나, 말만 내뱉으면서 대중에게만 행동을 촉구해서는 안 된다. 노블레스 오블리주를 가진 리더들은 자신이 앞장서서 궂은일을 도맡아 했다.

베트남 전쟁이 한창이던 때 전투기 조종사가 적의 포로가 되었다. 그는 태평양함대 사령관(해군 제독)의 아들이었다. 제독은 적에게 아들의 조기 석방을 요구했다. 그러나 아들은 그 요구를 거절했다. 그는 '먼저 들어온 사람이 먼저 나간다.'라는 군인 수칙을 언급하면서 순서를 기다리겠노라고 했다. 해군 제독의 아들이지만 다른 병사와 똑같이 전쟁에 참가하고자 한 것이다 (결국 그는 베트남 전쟁이 끝나고 나서야 풀려날 수 있었다).

이 소식을 전해들은 일반 병사들의 마음은 어떨까? 제독 아들도 자신들과 똑같은 대우를 받고 있다는 걸 알게 된 일반 병사들은 마음속 깊이 충성을 다짐할 게 분명하다. 이러한 솔선수범이 오늘날 서양의 리더십을 떠받치는 큰 힘이 되고 있다.

끝으로, 성격적인 면에서 친화력으로 사람을 움직인다. 리더의 필수 덕목 가운데 하나가 친화력이다. 어떤 성향의 사람을 접하든지 관계없이 즉각적으로 친해질 수 있는 호방한 성격을 갖춰야 한다. 리더는 피라미드의 정점에 있지만, 동시에 피라미드의 최 밑단까지 골고루 리더십을 발휘해야 한다. 그러려면 단 몇 초를 만나더라도 금방 친해질 수 있어야 한다. 그래야 피라미드 전체가 유기적으로 작동할 수 있다.

리더, 아무나 되는 게 아니다. 사람의 마음을 움직일 수 있어야 진정한 리더다. 이러한 리더가 되려면 신체, 행동, 성격 면에서 매력지수를 팍팍 높여야 한다. 그리고 이를 통해 사람의 마음을 움직이는 실전 기술을 개발하고 활용해야 한다.

남자들의
호감가는 말투

남성들이 직장생활에서, 사회생활에서 혹은 연인관계에서 호감을 주는 말투를 쓰려면 어떻게 하는 게 좋을까? 우선, 평소 쓰던 말투에 관심을 기울이고 부정적인 말투를 삼가는 게 좋다. 그다음에는 상대방의 기분이 좋아지고 마음이 편해지는 말투를 습득하는 게 바람직하다.

'보통은~' → '사람마다 달라서~'
사람마다 능력, 개성이 다르다. 그렇기 때문에 일방적인 기준을 철회하고 상대방의 다름을 인정하는 말투가 좋다.

'~ 때문에' → '~덕분에'
탓하는 것보다 고마워하는 말투가 큰 호감을 불러온다. 이 역시 습관이 중요하다. 평소 감사하는 자세를 가진 남성은 대화 상대를 섣불리 탓하지 않는다. 감사하는 자세를 가지면 저절로 대화 상대에게 감사하게 된다.

'고작~' → '이만큼씩이나~'
매사에 불만투성인 사람은 말투에서 그 성격이 드러난다. 그런 말투는 듣기만 해도 불쾌하기 짝이 없다. 아무도 그와 상종하기 싫어한다. 따라서 만족해하는 말투를 습관화하는 게 좋다.

'왜~' → '당신 생각은~"

따지는 사람보다 경청하는 사람이 상대방의 호감을 얻는다. 상대를
무시하는 말투가 곧 따지는 말투다. 상대를 존중하는 사람은 항상 상대의
생각을 존중하고 묻는다. 이런 사람은 주위 사람들로부터 호감을 받는다.

스피치를

잘하려면 ____

좋은 일, 좋은 사람, 좋은 삶을 만나려면
간단한 준비물이 있다. 좋은 나!

– 최대호 '준비물'

스피치는
요리사가
요리하듯

기업체 임원 및 직원과 일반인 대상으로 스피치 교육을 오랫동안 해왔다. 트레이닝하는 부분은 발성, 제스처, 말하는 기법, 비즈니스 프레젠테이션 중심이었다. 그들은 모두 어떤 사람 앞에, 어느 장소에 자신을 데려다놔도 하고 싶은 말을 척척 해내고 싶다는 욕구가 있었다.

말할 때 가장 피해야 할 것 중 하나가 바로 자아도취다. 내 만족을 위해 스피치를 하는 게 아니라는 걸 잊어선 안 된다.

스피치의 핵심은 듣는 사람의 만족이다. 강사로서 스피치의 생명은 청중의 호응이라고 본다. 그래서 강연이나 강의를 할 때는 청중의 입맛에 맞추어 양질의 콘텐츠를 소개하는 데 많이 노력하고 있다. 대부분의 강의안은 일상을 접목한 생활스피치 위주이기에, 내 강연 및 강의에 대한 반응이 매우 좋다. 내 스피치가 많은 사람들의 호감을 사고 있다는 뜻이다.

이제 말 잘하는 사람으로 소문이 꽤 나 있는 나를 보고 취업 면접을 앞둔 취준생이나 프레젠테이션을 앞둔 직장인 등이 이런 질문을 해온다.

"대표님은 원래 말을 잘하셨습니까?"

여기에 단호히 '노'라고 답한다. 원래 나는 언변이 뛰어난 편이었지만 그것만으로는 스피치계에 명함도 내놓을 수 없었다. 프로 강사의 길에 뛰어드는 순간부터 나는 매일같이 스피치 훈련을 거듭했다. 목소리, 사투리 교정에서부터 시작해 각종 말하기 요령을 터득했다. 이 과정에서 유명 아나운서나 스타 강사를 수없이 따라 해 보았다. 이렇게 해서 지금은 나만의 스피치 실력을 갖추게 되었다.

대중에게 스피치의 대가로 알려진 사람들 가운데 원래 말을 잘 못했던 이들이 적지 않다. 프레젠테이션의 세계적인 대가 스티브 잡스는 원래 떨림증이 심했다. 그런 그가 명 프레젠터가 될 수 있었던 것은 부단한 연습 덕분이다. 카민 갤로는『스티브 잡스 프레젠테이션의 비밀』(김태훈 옮김, 랜덤하우스 코리아, 2010)에서 이렇게 말한다.

"스티브 잡스는 무대 위에서 빈틈없는 연기를 선보이는 최고의 배우다. 그의 모든 동작과 시연, 이미지, 슬라이드는 완벽한 조화를 이룬다. 무대 위에 선 잡스의 모습은 너무나 편하고 자신감 넘치며, 자연스러워 보인다. 청중이 보기에는 그가 대단히 쉽게 프레젠테이션하는 것처럼 보인다. 사실 거기에는 비밀이 있다. 잡스는 몇 시간씩, 아니 며칠씩 프레젠테이션을 연습한다."

세계적인 연설가 윈스턴 처칠도 우울증과 대인공포증을 앓았다. 그래서 말더듬증을 가지고 있었다. 그런 그가 군인으로 경력을 쌓으며 치열하게 웅변 연습을 해나간 결과, 영국 국민의 가슴을 울리는 명연설가가 될 수 있었다.

미국 16대 대통령 에이브러햄 링컨도 정치 초년병 시절 연설을 잘하지 못했다. 무표정한 얼굴과 부자연스러운 자세로 쇳소리 섞인 목소리를 냈으니 아무도 그의 연설에 주목하지 않았다. 그런 그도 부단한 연습을 통해 탁월한 스피커가 될 수 있었다.

이처럼 연습을 통해 누구나 말을 잘하는 사람이 될 수 있다. 뛰어난 화술가는 타고나는 게 아니다. 스티브 잡스, 윈스턴 처칠, 에이브러햄 링컨은 공통적으로 듣는 이에게 최고의 만족을 선사했다. 듣는 사람의 마음을 움직이는 우수한 콘텐츠를 잘 전달해서 청중의 심금을 울렸기에, 그들의 발표와 연설이 현재까지 회자되는 것이다.

스피치는 요리와 같다. 요리는 같은 재료라도 사람마다 다른 맛을 낸다. 스피치 역시 같은 내용이라도 전하는 사람에 따라서 다르게 전달된다. 요리는 레시피에 맞는 재료가 적재적소에 적정량 들어가야 맛이 난다.

소금, 후추, 설탕, 간장, 고춧가루가 적당하게 들어가고 잘 버무려져야 맛있는 것처럼, 장소와 상황에 따라서 해야 할 말이 있고 절대로 해서는 안 되는 말이 있다. 스피치를 전달받는 사람이 만족할 수 있게 말하는 것이 중요하다.

뛰어난 요리사들이 요리할 때 주안점으로 두는 게 바로 음식을 먹는 사람이다. 먹는 사람의 입맛에 맞춰서 요리해야 최고의 맛을 연출할 수 있다. 스피치 역시 마찬가지다. 청자의 성향에 맞게 준비되어야 만족도를 최고로 끌어올릴 수 있다. 요리는 먹는 사람의 입맛에 맞추어야 하는 것처럼, 말도 듣는 사람의 수준에 맞게 해야 한다는 뜻이다.

요리는 레시피 순서대로 진행해야 망치지 않는다. 예를 들면 마지막에 참기름을 한 방울 떨어뜨리는 것처럼, 토핑가루를 맨 위에 뿌리는 것처럼 순서가 있다. 그렇게 해야 요리의 맛이 살고 제대로 된 요리를 완성할 수 있다. 말을 할 때도 마찬가지다. 순서가 있다. 강의를 한다면 도입, 본론, 결론이 있고, 공식석상에서 말할 때라면 오프닝, 메인, 클로징이 있다.

요리는 눈으로 보기에 먹음직스러워야 한다. 쉐프는 요리를 만들어서 테이블에 올리기까지 그 요리에 맞는 그릇을 선택하고, 접시의 크기를 선택하고, 테이블 세팅까지 신경 쓴다. 이렇게 하지 않으면 먹고 싶은 마음이 생기지 않기 때문이다. 스피치를 할 때 연사의 바디랭귀지도 중요하다는 뜻이다.

실력 있는 요리사들은 맛만 고려하는 게 아니라 영양가를 중요시한다. 좋은 맛을 내면서 영양가 높은 요리가 인정받는다. 스피치도 그렇다. 양질의 콘텐츠를 준비해야 한다. 유명한 스피커들은 청자에게 유익한 정보를 정성껏 차려준다는 공통점이 있다.

요리는 꾸준히 연습하면 나만의 노하우가 생긴다. 요리 실력은 타고나는 게 아니다. 누구나 관심을 갖고 부단히 연습하면 맛있는 요리를 선보일 수 있다. 오이무침을 할 줄 알면 가지무침도 하게 되고, 미나리무침도 맛깔나게 만들어 낼 수 있는 것처럼, 스피치도 꾸준히 연습하면 노하우가 생기는 법이다. 요리에 관심을 갖고 부단히 연습하여 실력을 쌓듯이 스피치도 노력할수록 높은 실력을 갖출 수 있다.

사람들에게 매력 있는 스피치를 하려면 어떻게 해야 할까? 요리사의 마음으로, 요리사가 요리하듯이 하면 된다. 항상 노력하고, 상대의 만족을 우선시하고, 양질의 콘텐츠를 전달하는 게 그것이다.

한편 생활스피치에서 가장 중요한 것은 무엇일까? 그 자리에 모인 사람들과 진정으로 소통하려면 눈높이와 온도를 맞추는 것이 중요하다.

문득 "말에는 온도가 있다."라는 글귀가 떠오른다.

대화는
공놀이를 하는
것처럼

스피치 교육을 다년간 해왔다. 기업체 직원 및 임직원, 취준생, 대학생 등 다양한 대상으로 교육을 하면서 많은 분들과 소통하는 시간을 가졌다. 그 과정에서 알게 된 사실은 대부분의 교육생이 영어 같은 외국어 공부에는 많은 시간을 할애하지만 모국어 말하기에는 변변하게 시간을 투자하지 않는다는 점이었다. 이로 인해 스피치에 문제가 많이 생긴다는 사실도 알 수 있었다.

그래서 교육생들이 일정 기간 스피치 교육을 받으면 다들 스피치 실력이 향상되었다. 보이스는 물론 각종 말하기 노하우를 실전처럼 습득하기 때문이다. 스피치 실력이 늘어남에 따라 대화 능력이 높아지는 것은 당연하다. 그러나 스피치 실력이 늘었는데도 대화 능력은 현격히 떨어지는 분도 간혹 있었다.

이분들은 자기소개, 발표, 행사 진행 등 어떤 스피치든 능숙하게 해낸다. 그런데 사람들과의 소통 목적의 대화에는 서툴렀다. 그 이유가 뭘까? 사실, 말을 유창하게 하는 것과 대화를 잘하는 것은 다르다. 이 점을 간과하지 말아야 한다. 청산유수의 달변가라고 해서 모두 사교적인 대화를 잘할 수 있는 것은 아니다. 대화를 잘하려면 우선 대화의 의미를 제대로 알아야 한다. 대화는 한 쪽에서 다른 쪽으로 일방적으로 말을 전달하는 게 아니라 쌍방향으로 주고받는 것이다.

폴 오스터의 소설 『달의 궁전』(황보석 옮김, 열린책들, 2000)에는 대화를 캐치볼에 비유한 글귀가 나온다.

"대화는 누군가와 함께 공 던지기 놀이를 하는 것과 같다. 좋은 상대는 공이 글러브 안으로 곧장 들어오도록 던짐으로써 여간해서는 놓치지 않게 하고, 받는 쪽일 때는 자기에게로 던져진 모든 공을, 아무리 서툴게 던져진 것일지라도 능숙하게 다 잡아낸다."

여기에 대화의 의미가 다 드러나 있다. 대화는 서로 상대가 잘 받을 수 있게 말하고, 또 상대의 말을 잘 받아내려고 해야 잘 이루어진다. 스피치 기술을 아무리 완벽하게 습득한다고 해도 대화를 잘할 수 없는 이유가 여기에 있다. 아나운서나 MC처럼 뛰어난 언변을 발휘하는 것만으로는 대화가 잘 되지 않는다.

한번은 모 기업체 사장이 상담을 요청해왔다. 내게 스피치 교육을 받고 현장에서 높은 효과를 보았던 그가 내게 말했다.

"대표님, 직원들과 대화가 잘 되지 않아서 고민입니다. 내 스피치 능력이 많이 좋아졌는데도 대화와 소통이 잘 되지 않네요."

상담을 마친 후 그에게 주문을 하나 했다. 일주일간 회사에서 직원들과 하는 대화를 녹음해서 가져 오라고 한 것이다. 일주일 뒤 녹음된 대화를 듣고 나서 정리했다. 문제가 되는 대화는 크게 네 가지 유형으로 나뉘었다.

첫 번째는 지시 명령형이다.

선생님처럼 높은 지위에 있는 분의 말투다. 대표적으로 이런 말투다.

"그냥 빨리해. 잔소리 말고."

두 번째는 훈계설교형이다.

이는 부모가 아이에게 일방적으로 가르치려는 말투다. 대개 이런 식이다.

"주의하라고 몇 번이나 말했나요? 내가 말을 하면 귀담아들어야 하지 한두 번도 아니고 이런 식으로 불량을 내고 있습니까? 내가 누누이 말했듯이 우리 회사의 기본 방침은…."

세 번째는 단정평가형이다.

전후 사정을 알아보려는 노력 없이 일방적으로 결론지어버리는 말투다. 예를 들면 이런 식이다.

"한 마디도 말할 필요성을 못 느낍니다. 결론이 이미 나와 있기 때문이죠. 항상 이런 식이잖아요!"

네 번째는 취조탐색형이다.

형사가 범죄 용의자를 대하듯이 듣는 사람의 인격을 모독하는 말투다.

"대체 왜 그랬습니까? 이번 일 때문에 큰 손실이 생겼는데 어떻게 할 겁니까? 우리 회사를 말아먹으려고 작정을 한 겁니까?"

이 네 가지 대화 유형이 소통에 실패하는 대화의 대표적인 사례다. 내게 상담을 요청한 사장에게 이 문제를 지적해주었고, 이를 고쳐나가도록 했다. 이 네 가지 유형의 특징은 대화의 기본 의미를 저버리고 있다는 것이다. 쌍방형 소통이 아닌 일방적인 전달을 할 경우, 말을 주고받는 과정에서 싹트는 '대화'가 만들어질 수 없다.

거듭 말하지만 대화는 서로가 말을 잘 주고받아야 한다. 그래야 서로 만족할 수 있는 대화가 이루어진다. 대화를 잘 하기 위해선 상대를 수평적 관점에서 바라보는 태도를 갖는 게 중요하다. 내 말만 하지 말고, 내가 옳다고만 하지 말고 상대의 말도 듣고, 상대방이 옳을 수도 있다는 열린 관점을 가져야 한다. 그래야만 쌍방이 재미와 만족을 느끼는 캐치볼 같은 대화가 이루어질 수 있다. 이것이 바로 매력적인 대화의 기술이다.

매력적인 스피치의
세 가지
원칙

"어떻게 하면 사람들에게 매력적으로 말할 수 있을까요?"

제법 말을 잘하는 사람들로부터 받는 질문이다. 기업체를 경영하는 사장님이나 NGO단체 회장, 영업하는 사람들 중에서 언변이 뛰어난 분이 적지 않다. 그들은 말을 잘한다는 자부심을 가지고 있다. 하지만 상황이 조금만 바뀌어도 자신의 말이 통하지 않는다는 걸 종종 깨닫는다. 그래서 가끔은 나에게 스피치 자문을 구하기도 한다.

어떤 상황에서, 어떤 사람에게도 위축되지 않고 매력적으로 말하기 위해선 3가지 원칙을 숙지해야 한다. 이 3가지 원칙을 생각하며 스피치를 반복해서 연습하면, 누구나 호감을 얻는 스피치를 할 수 있다.

첫 번째 원칙은 '말하는 목적을 분명히 하라.'이다. 세상의 모든 물건은 목적을 갖고 만들어진다. 세탁기는 의류를 세탁하는 목적으로, 전자레인지는 음식을 데우는 목적으로, 선풍기는 시원한 바람을 내기 위한 목적으로 말이다. 그런데 이 목적을 무시한 채 물건을 사용하면 어떤 일이 벌어질까? 세탁기로 설거지를 하거나, 전자레인지로 옷을 말리거나, 선풍기로 방 청소를 한다면? 상상하기도 싫은 결과가 나올 게 뻔하다.

말하기에서도 목적이 중요하다. 자신이 하는 말의 목적을 세우고, 그 목적에 맞게 말을 해야 한다. 세상에 수많은 말하기가 있는데, 대체로 그 목적에 따라 4가지로 나뉜다. 설득 스피치, 정보 전달 스피치, 유흥 스피치, 격려 스피치이다.

설득 스피치는 말하는 사람의 의견과 주장에 청중이 동의하도록 하는 스피치다. 선거연설, 영업스피치가 대표적이다. 이 스피치는 온전히 '설득'에 초점이 맞춰져 있다.

정보 전달 스피치는 객관적인 정보를 그대로 전달하는 스피치다. 절대 자신의 소신이나 의견을 덧붙이지 말아야 한다. 그렇게 하는 순간, 이 유형의 스피치는 생명력을 상실한다. 강의, 강연, 프레젠테이션, 보고, 뉴스 등이 대표적이다. 객관적인 팩트 전달이 생명이다.

유흥 스피치는 듣는 이에게 즐거움을 주는 스피치다. 예능, 개그 방송에서 연예인들이 웃음을 유발하는 목적으로 하는 스피치이다. 이는 일반인의 경우에도 해당된다. 우스갯소리로 모임의 분위기를 잘 돋우는 사람은 유흥 스피치를 잘하는 사람이다.

격려 스피치는 듣는 이에게 힘을 주고, 동기부여를 해주는 스피치이다. 주례사, 입학식과 졸업식, 시무식과 종무식의 격려사가 그 예다. 이는 목적을 분명히 하고, 잘 준비해야 스피치를 성공적으로 할 수 있다.

두 번째 원칙은 '청중을 분석하라.'이다. 앞에서도 언급했지만 스피치는 자기만족이 아니라 듣는 이의 만족에 초점을 맞춰야 한다. 따라서 듣는 이에 대해 분석하는 노력을 아끼지 말아야 한다. 나는 해외뷰티사업부를 설치해서 화장품을 수출하고 있다. 처음으로 수출하게 된 마스크 팩 관련 이야기를 예를 들어본다.

새로운 마스크 팩 제품 출시를 앞두고 마스크 팩을 사용할 고객에 대해 분석하기 시작했다. 연령대, 취미, 학력, 자주 입는 옷, 경제력 등 다양한 면을 심도 있게 파악했다. 이렇게 해서 마스크 팩이 탄생했고, 결국 수출의 길을 열 수 있었다.

스피치에서도 절대적으로 청중이 중요하다. 청중의 귀가 솔깃할 수 있는 콘텐츠를 마련하려면 청중 분석이 필수적이다. 10대에게는 연예인이나 1인 미디어 스타를 이야기의 소재로 삼는 게 좋다. 40대는 정치인, 기업인 이야기를 소재로 하는 게 좋다. 여성에게는 여성에게, 남성에게는 남성에게 맞는 소재를 준비해야 한다. 청중이 가장 듣고 싶어하는 내용이 무엇인지를 파악한 후, 그것을 말해야 한다.

세 번째 원칙은 '짜임새 있게 구성하라.'이다. 말하기 구성법은 수없이 많다. 자신이 특정 목적으로, 특정 청중에게 효율적으로 전달할 수 있는 구성법을 숙지하면 된다. 통상적으로 청중에게 주제를 쉽게 전달하는 스치피 구성법은 3단계 화법이다. 이는 서론, 본론, 결론의 구성으로 이야기를 전달하는 방식으로 면접, 발표, 보고, 강의 등 다양한 상황에서 사용할 수 있다.

말을 좀 한다고 자만하지 말아야 한다. 어떤 상황, 어떤 사람에게도 호감을 얻는 스피치를 할 수 있어야 한다. 사람들로부터 매력적인 말을 한다고 인정받으려면 세 가지 원칙을 지켜야한다. 말하는 목적을 분명히 하기, 청중을 면밀히 분석하기, 탄탄하게 구성하기가 바로 그것이다.

이 세 가지 원칙이 평범하던 당신의 스피치를 매력적인 스피치로 확 바꿔줄 것이다.

핵심을
전달하는
OMC 화법

어떤 사람은 핵심이 쏙쏙 잘 전달되게 말한다. 반면에 어떤 사람은 핵심이 무엇인지 알 수 없게 횡설수설한다. 핵심을 잘 전달하려면 무엇보다 말의 골격, 즉 구성이 중요하다. 말하기는 건축과 비슷하기에 설계도에 따라 빈틈없이, 단계적으로 구성되어야 한다. 그냥 생각나는 대로 줄줄 말하면 청중의 외면을 받는다.

우리 주변에 말의 핵심을 분명하게 잘 전달하는 분들이 있다. 이들은 면접시 자기소개를 할 때, 영업할 때, 발표할 때, 연설할 때 주어진 시간에 딱 맞춰 조리 있게 말한다. 그런 분들은 공통적으로 구성을 잘 갖추어서 말을 한다. 이들이 자주 사용하는 구성법이 앞서 언급한 3단계 화법이다. 여기에서는 특별히 'OMC(Opening Main Closing) 화법'이라고 지칭한다.

첫 번째 O(Opening)는 본격적으로 말을 하기 전에 입을 푸는 단계이다. 식사로 말하자면 에피타이저와 같다. 일급 레스토랑에서는 처음부터 메인요리를 대접하지 않는다. 먼저 입가심용으로 자잘한 요리를 선보인다. 이 단계를 거치면 손님들이 메인 요리에 대한 욕구가 높아진다. 따라서 여기에서는 마음을 열 수 있는 멘트로 시작하자. 다음 네 가지를 활용하면 좋다.

청중에게 가벼운 질문, 칭찬하기
유머로 호감을 유도하기
화젯거리와 이슈로 호기심 끌기
화제 제시하기

두 번째 M(Main)은 본격적으로 주제를 펼치는 단계이다. 여기에서 주제를 확실하게 전달해야 한다. 이때 충분한 근거 제시 없이 "~해야 합니다." "~라고 봅니다."라고 반복하면 설득력이 떨어진다. 반드시 주장에 대한 이유를 덧붙여야 한다. 다음 세 가지를 기억해두자.

항목을 나열해서 전달하기(가능하면 3가지로)
주장에 대한 근거 대기
주제와 연관된 에피소드 제시하기

세 번째 C(Closing)는 맺음말을 하는 단계이다. 앞의 두 번째 단계까지만 말하고 끝내버리면 핵심을 강력하게 전달하지 못한다. 이 단계에서 핵심을 강조하고 여운을 남겨야 한다. 다음 세 가지를 유념하자.

본론 내용을 한마디로 요약정리
강조 및 반복
주제와 관련된 명언, 격언 인용

OMC 화법은 면접, 영업, 발표, 보고 등에 매우 효과적인 말하기 방식이다. 이를 능숙하게 활용할 수 있다면 매력지수를 크게 높일 수 있다. 취준생은 합격의 영광을, 영업인은 매출 증대를, 직장인은 높은 고과 점수를 얻을 수 있다. OMC 화법으로 전 세계적으로 유명한 스피치는 스티브 잡스가 했던 스탠퍼드대 졸업식 연설이다. 자로 잰듯이 잘 짜인 구성이다. 다음의 연설 예문을 참고하여 논리적으로 핵심을 말하는 능력을 기르자. 당신의 스피치 매력지수가 쑥쑥 높아질 것이다.

스티브 잡스의 스탠퍼드대 졸업식 연설 예시

〈Opening: 칭찬, 화제 제시〉
저는 오늘 세계에서 가장 훌륭한 대학 중 하나를 졸업하는 여러분과 함께 이 자리에 선 것을 영광스럽게 생각합니다. 사실 저는 대학을 졸업하지 못했습니다. 태어나서 대학교 졸업식을 이렇게 가까이에서 보는 것은 처음입니다. 저는 오늘 여러분께 제 인생의 세 가지 이야기를 말씀드리고자 합니다. 별것 아닙니다. 그냥 세 가지 이야기입니다.

〈Main: 세 가지로 항목 나열, 주장에 근거제시〉

- 첫 번째 이야기는 인생의 전환점에 대한 이야기입니다. ……
- 저의 두 번째 이야기는 사랑과 상실에 관한 것입니다. ……
- 저의 세 번째 이야기는 죽음에 관한 것입니다. ……

〈Closing: 명 구절 인용〉

제가 젊었을 때, 우리 세대의 필독서 가운데 하나였던, '지구백과'라는 놀라운 출판물이 있었습니다. 내가 여러분 나이였을 때 '지구백과'에서 보았던 문구를 이야기하고자 합니다. 그 출판물 사진 밑에는 이런 말이 있었습니다. "계속 갈망하라, 여전히 우직하게!" 저는 늘 그것이 저 자신을 위한 말이기를 원해왔습니다. 그리고 지금, 새로운 시작을 위해 졸업하는 여러분에게 동일한 바람을 가집니다. 저는 그것이 여러분을 위한 말이기를 기원합니다.

계속 갈망하라. 여전히 우직하게!(Stay Hungry. Stay Foolish!)

매력적인
설득PREP
기법

면접, 보고, 회의 스피치의 생명은 설득이다. 정해진 시간 내에 요령껏 자기 입장을 밝히고 상대의 마음을 움직여야 한다. 모든 말의 목적은 자신의 뜻대로 상대방을 움직이는 데 있다.

이를 정확히 인지하고 말하기에 숙련된 사람은 똑 부러지게 표현한다. 할 말만 군더더기 없이 하고 강렬하게 상대에게 자신의 주장을 어필한다. 그래서 이런 사람의 말은 매력적이다.

이와 달리 쓸데없는 말을 늘어놓다가 시간만 잡아먹는 사람이 있다. 이런 사람의 말은 핵심이 단박에 잡히지 않는다. 그래서 듣는 이는 답답하다. 무슨 말을 하는지 잘 모르기 때문이다. 과연, 이런 사람의 말에서 매력을 느끼는 사람이 있을까?

취업 면접관이 두 명의 지원자에게 말했다.

"자신의 장점을 말세요."

그러자 한 지원자는 이렇게 말했다.

"교육자이신 아버님의 영향을 많이 받고 자랐습니다. 그래서 매사에 행동을 신중히 하는 아버지의 모습을 많이 본받게 되었습니다. 저는 세 번 생각하고 나서 행동을 할 정도로 신중한 편입니다."

다른 한 지원자는 이렇게 말했다.

"저는 매사에 신중하게 행동합니다. 모 금융지점에서 회계 아르바이트를 할 때 신중하게 일을 했기에 지점장으로부터 신임을 받았습니다. 이런 성격은 공무원이신 아버지의 영향을 많이 받았습니다."

두 지원자의 말이 대동소이하다. 그런데 결정적인 면에서 차이를 보인다. 바로 핵심이 어느 위치에 있느냐이다. 면접관이 묻는 것 곧 '장점'이 핵심(결론)이다. 전자는 뒤에 있고, 후자는 앞에 있다. 이 차이가 실로 어마어마하다. 수많은 지원자를 대하는 면접관에게 크게 어필하는 사람은 후자다. 후자가 핵심(결론)을 먼저 말했기 때문에 더 설득력이 있다. 그래서 그에게 호감이 갈 게 분명하다.

상대를 요령껏 설득하는 것은 중요하다. 그러면 매력적으로 설득하기 위해서는 어떻게 해야 할까? 단 몇 분 말하는 것만으로 상대를 설득하기란 사실 쉽지 않다. 그러나 짧은 시간에 상대를 내 편으로 만드는 말하기 기법이 존재한다. 유명 연설가, 협상가들이 잘 활용하며 많은 스피치 전문 학원에서 가르치고 있는 PREP기법이다.

Point(핵심 메시지), Reason(근거), Example(사례), Point(핵심 메시지)의 앞 글자를 딴 PREP기법은 처칠이 연설에서 자주 사용해왔기에 일명 '처칠식 말하기 기법'이라고 한다. 세계적인 컨설팅 회사 맥킨지가 스피치의 설득력을 높이기 위해 적극 활용할 정도로 효과가 좋다.

더 구체적으로 알아보자.

Point(핵심 메시지): 결론에 대한 핵심 메시지 밝히기. 짧고 명확하게 말하는 게 중요하다.

Reason(근거): 앞서 말한 결론에 대한 이유와 근거 제시하기. 여기에서 사용하면 좋은 말은 "왜냐하면"이다.

Example(사례): 이유와 근거의 실제 사례 보여주기. 여기에서 사용하면 좋은 말은 "예를 들면"이다.

Point(핵심 메시지): 앞서 밝힌 핵심 메시지를 다시 반복 강조하기. 여기에서 사용하면 좋은 말은 "결론적으로" "그렇기 때문에"이다.

예문을 통해 이 기법을 복습해보자. 다음 예문은 미국의 한 유명인사가 향후 10년간 사람들이 돈을 많이 벌 것이라고 주장한 내용이다. 그의 스피치는 PREP기법에 따라 주장하는 바를 요령껏 펼쳤기에, 대중을 설득하고 휘어잡는 데 성공했다.

사람들은 앞으로 10년 동안 과거 100년 동안 번 것보다 더 많은 돈을 벌 것이다. →Point(핵심 메시지)

백만장자와 억만장자의 수가 지난 5년 동안에 60%나 증가했다. →Reason(근거)

1900년에 미국의 백만장자는 5,000명이었고 억만장자는 한 명도 없었다. 2000년에는 백만장자가 5,000,000명, 억만장자가 500명 이상이었다. 2007년에는 미국의 백만장자가 8,900,000명, 전 세계적으로는 억만장자가 700명 이상이었다. 이들 가운데 대부분이 자수성가한 사람들이다. →Example(사례)

오늘날은 그 어느 때보다도 여러분 같은 소수의 창의적인 사람들이 경제적 성공을 이룰 기회가 많아졌다. →Point(핵심 메시지)

매력적으로 상대를 설득하고 싶은가? 그렇다면 PREP기법에 따라 먼저 결론을 짧게 말하고 나서, 근거와 사례를 제시한 후 다시 결론을 반복 강조하라. 이 기법으로 당신은 면접, 회의, 보고를 하는 장소에서 그 누구보다 매력적인 사람으로 변해있을 것이다.

남자는 중저음,
여자는 맑은
목소리

"대화에서 목소리는 부차적인 요소가 아닐까요?"

"말을 유창하게 잘하기만 한다면 목소리는 중요하지 않다고 봅니다."

나에게 처음 보이스 교육을 받는 분들의 반응이다. 대다수가 이런 반응이다. 이들은 말의 내용이 충실하고, 말하는 기법이 숙달되는 것만으로 충분하다고 본다. 목소리쯤이야 대수롭지 않다고 본다. 과연 그것만으로 사람들과 매력적인 대화를 나누고, 여러 사람 앞에서 매력적인 스피치를 할 수 있을까?

결론부터 말하면 아니다. 미국 캘리포니아대학 로스앤젤레스 캠퍼스 심리학과 교수인 앨버트 메라비언은 말했다.

"대화할 때 상대방의 호감과 비호감을 결정하는 데 시각이 차지하는 비중이 55%, 청각이 차지하는 비중이 38%, 말의 내용이 차지하는 비중이 7%이다."

이에 따르면 대화든 사회든 연설이든, 스피치에서 말의 내용이 차지하는 비중이 고작 7%에 지나지 않는다. 목소리가 이것보다 훨씬 더 큰 비중(38%)을 차지하고 있다. 아무리 유식하고 유창하게 말해도 목소리가 좋지 않으면 도로아미타불이라는 뜻이다. 이와 달리 변변한 콘텐츠가 없어도 빼어나게 목소리가 좋으면 그 자체로 사람들로부터 매력적으로 인정받을 수 있다.

세계적인 연설가이자 동기부여가인 지그 지글러 역시 목소리를 강조한다. 그는 세일즈맨에게서 목소리가 백만 달러의 가치가 있다면서 이렇게 말했다.

"판매에서 가장 중요한 도구는 두말할 것 없이 세일즈맨의 목소리다. 언어치료사들의 의견에 따르면, 우리 사회 구성원 중 듣기 좋은 목소리를 타고난 사람은 5퍼센트에 지나지 않는다. 그렇지만 나머지 사람들은 훈련을 통해 좋은 목소리로 바뀔 수 있다."

그러면 어떤 목소리가 매력적인 목소리일까? 남자와 여자가 다르다. 남자는 중저음 목소리가 가장 매력적이다. 평균적인 남성 목소리의 기본 주파수는 100~150Hz인데, 이는 곧 1초에 100여 번 진동한다는 말이다. 중저음 목소리의 주파수는 90~100Hz 정도로 낮아서 안정감을 준다. 중저음 목소리 하면 떠오르는 사람은 이병헌, 한석규, 이선균, 김수현 등이다. 다음은 이병헌의 현대 자동차 광고의 내레이션이다.

당신도 몰랐던 당신의 모습을

몹시도 두근거렸고,

아팠지만 아름다웠던 사랑을

나는 당신과 함께 했습니다.

나는 당신의 자동차입니다.

당신의 빛나는 인생입니다.

Live brilliant

그의 중저음 목소리는 주 타깃인 30~50대 소비자에게 신뢰감을 준다. 목소리의 힘이 얼마나 강하면, 이 광고에 그의 모습이 한순간도 나오지 않는다. 중저음 목소리만으로 고객에게 매력적으로 다가가는 데 성공한 것이다. 미국의 버락 오바마 대통령 또한 중저음 목소리를 무기로 대중에게 매력적인 연설을 하는 데 성공했다.

중저음 목소리를 타고난 사람은 운이 좋다. 그렇다고 중저음 목소리를 타고나지 않았다고 해서 실망할 필요는 없다. 연습을 통해 중저음 목소리를 가질 수 있기 때문이다. 핵심은 공명이다. 공기를 최대한 많이 품고, 공명이 되도록 발성하면 아름다운 중저음 목소리를 낼 수 있다.

그러기 위해선 가슴에 공기를 가득 품고 나서, 큰 한숨을 내쉬듯 '하' 소리를 내는 게 도움이 된다. 이를 반복하다가 '하' 소리를 '아' 소리로 바꿔 낸다. 이때 성대의 진동을 느끼면서 배에 힘을 주고 목에 힘을 뺀다.

여성의 매력적인 목소리는 맑은 목소리다. 여성 목소리의 기본 주파수는 200~250Hz 정도로 남성보다 높다. 매력적인 여성의 목소리는 조금 높은 주파수를 기본으로 하고, 잡음이 섞이지 않으면서 하모닉스(Harmonics, 성대가 진동하면서 만들어진 화음)가 풍부한 목소리다.

일부 여성은 허스키한 목소리가 매력적이라고 생각하는 경우가 있다. 약간 허스키하다면 그렇다고 볼 수 있다. 하지만 지나치게 허스키한 목소리는 면접과 비즈니스에서 상대방의 호감도를 떨어뜨린다.

미국 마이애미대학 정치학과 교수인 케이시 클로프스타드는 일반적인 목소리와 허스키한 목소리를 가진 여성으로 하여금 목소리만으로 채용 면접시험을 보게 했다. 그 결과 면접관의 80% 이상이 일반적인 목소리를 가진 여성을 채용하겠다고 했다. 이만큼 여성에게도 목소리가 매우 중요하다. 여성을 가장 매력적으로 만드는 목소리는 다소 높은 톤의 맑고 고운 목소리다.

매력적인 스피커가 되기 위해선 좋은 목소리를 갖춰야 한다. 좋은 목소리를 타고나지 못했더라도 꾸준히 훈련하면 누구나 좋은 목소리를 가질 수 있다. 매력적인 목소리를 갈고닦으면 탁월한 화술가가 되는 데 큰 도움이 된다.

　말을 잘하기로 소문난 지인이 있다. 이분은 지역 행사의 사회를 도맡아볼 정도로 인기 많은 MC다. 그런데 행사 관계자들이 막상 이분에게 사회를 맡겨보면 고개를 갸웃거리는 경우가 많다.

　"뭐야, 유창한 언변을 뽐낼 줄 알았는데 별게 없는걸?"

　이건 뭘 몰라도 정말 모르는 소리다. 말을 잘하는 사람은 유창하게 말을 쏟아내는 사람이라는 등식이 잘못이기 때문이다. 아마추어 사회자들은 한 마디라도 더 쏟아내려고도 안간힘을 쓴다. 하지만 프로 중의 프로라는 경지에 도달한 분은 다르다. 말을 많이 하지 않는 게 대원칙이다.

　왜 그럴까? 할 말이 없거나 말할 필요성이 없어서 그럴까? 그렇지 않다. 일급 사회자는 말하기에서 가장 중요한 게 '경청'임을 알기 때문이다. 최고의 스피커는 상대의 말에 귀 기울이면서 자신은 최대한 적게 말하고, 상대가 말을 많이 하게 한다.

　여성 진행자 이금희를 보면 알 수 있다. 그는 참석자의 말을 친언니, 친누나처럼 다정하게 경청하는 데 많은 시간을 할애한다. 이렇게 해서 상대는 허심탄회하게 속내를 털어놓게 된다. 이금희의 방송이 많은 사람들에게 인기를 얻은 것은 당연하다.

　세계적인 토크쇼의 제왕 래리 킹도 마찬가지다. 그가 세계 최고의 진행자가 될 수 있었던 원동력은 바로 경청이었다. 미국의 한 기자가 그에게 물었다.

"어떻게 해야 상대의 마음을 잘 이끌어내는 대화를 할 수 있을까요?"

그러자 래리 킹은 대답 대신 질문을 던졌다.

"만약 당신이 화재 현장을 취재한다면 소방관에게 무엇을 물으시겠습니까?"

기자가 말했다.

"당연히 화재 원인과 발화 지점에 대해 물어야겠죠."

이때 래리 킹이 고개를 저으면서 입을 열었다.

"내가 기자라면 소방관의 어깨를 토닥이며 이렇게 물을 거요. '이렇게 힘든 곳에서 몇 시간째 고생하십니까?'라고."

이렇듯 대화가 잘 되려면 상대의 말을 진심으로 듣는 게 중요하다. 진심으로 듣는 게 경청이다. 래리 킹은 변변한 대학교 졸업장도 없었으나 우연한 기회에 방송 진행자로 일할 기회를 얻은 사람이다. 이런 그가 훗날 미국 최고의 토크쇼 진행자가 될 수 있었던 것은 바로 경청 때문이다. 그는 말을 잘하고 싶은 사람이라면 상대의 말을 들으라며 경청의 중요성을 강조한다.

"훌륭한 화자가 되기 위해서는 먼저 훌륭한 청자가 되어야 한다. 상대의 말을 주의 깊게 들으면 내가 말할 차례가 됐을 때 더 잘 응대할 수 있고, 더 잘 말할 수 있다."

경청이라고 하면 다들 그 정도는 나도 할 수 있다는 반응을 보인다. 하지만 경청은 그리 만만한 게 아니다. 엄마가 아이의 말을 들으면서 "정말 그랬어?" "저런" "그래"라고 반응을 보이는 건 소극적 경청이다. 부부나 부모자식 사이에는 교감이 형성되어 있기에 그 정도만 해도 대화가 원활하게 이어진다.

　문제는 생면부지의 사람들이 모여 있는 사회에서다. 특히 직장생활에서 더 그렇다. 직장에서는 소극적 경청만으로 부족하다. 그것만으로는 제대로 경청을 할 수 없다. 이때 필요한 게 적극적 경청이다. 이를 위해 필요한 기법이 많다. 그중에서도 가장 효과적인 것은 FAMILY 경청법이다.

　1. **Friendly** : 우호적인 감정 갖기.

상대의 기분에 맞는 표정을 지으면서 상대의 말에 감정 이입을 한다. 그러면 상대방이 동질감을 느낄 수 있다.

　2. **Attention** : 상대에 주목하기.

상대가 말할 때는 상대에게 오롯이 집중해야 한다. 허리를 앞으로 숙이거나 메모를 하는 게 좋다.

　3. **Me too** : 맞장구치기.

"정말요?" "그랬군요" "저런" 이런 말을 하면 상대가 흥이 나서 속이야기를 털어놓는다.

　4. **Interest** : 관심과 흥미를 입으로 나타내기.

"그래서 어떻게 되었습니까?" 등의 질문을 하면, 상대는 당신에게서 진정성을 느낄 것이다.

5. **Look** : 상대를 응시하기.

대화할 때 시선 처리가 중요하다. 엉뚱한 곳에 시선이 머물고 있으면 상대는 기분이 나빠진다. 상대에게 시선이 머물게 하라.

6. **You are centered** : 상대를 대화의 중심으로 만들기.

대화할 때 상대를 주연으로 만들어야 대화가 살아난다. 상대가 조연이라고 생각하는 순간 대화가 잘 되지 않는다. 상대에게 배려를 아끼지 말아야 한다.

말 잘하는 사람으로 호감을 얻고 싶은가? 그렇다면 상대의 말을 경청하라. 내가 말할 시간을 온전히 상대에게 바치라. 그러면 상대는 대화의 주연이 된듯이 대화를 막힘없이 이어갈 것이다. 경청이 매력적인 스피커를 만든다.

모임에서
돋보이는
자기소개

사회생활을 하다보면 크고 작은 모임에 참석하게 된다. 나 또한 다양한 모임과 행사에 참석하고 있다. 이때 요령껏 자기소개를 하는 사람도 있지만 그렇지 못한 분도 많다. 자신은 경황이 없다면서 대충 소개하고 말지만, 듣는 사람은 그렇게 생각해주지 않는다. 촌스럽게 여기거나 예의가 없다고 생각할 수도 있다.

"저는 뭐하는 사람으로 보이세요?"

"그냥 작은 사업 하나 하고 있습니다."

"나중에 기회가 되면 말씀드리겠습니다."

"너무 많은 걸 아시면 다쳐요."

이런 자기소개는 안 하느니만 못하다. 오히려 자기 이미지를 깎아먹을 뿐이다. 격식이 있는 모임에 갔을 때 자기소개를 요령껏 하는 것은 기본적인 예의다. 자신을 청중이나 상대방에게 올바르게 알려주어 호감을 끌어내어야 한다.

누구에게나 공평하게 시간이 주어지는 게 자기소개 시간이다. 그런데 누구는 이를 잘 이용해 자기 이미지 관리를 잘하는 반면, 누구는 그렇게 하지 못한다. 자기소개 시간은 대체로 45초~1분 정도가 적절하다. 45초 이하면 너무 시간이 부족해 할 말을 다하지 못하고, 1분 이상이면 지루해질 수 있기 때문이다.

간혹 3분~5분 동안 자기소개를 하는 분이 있는데, 말을 길게 한다고 좋은 것만은 아니다. 오히려 역효과가 생긴다. 45초~1분은 공익광고 시간과 비슷한데 딱 이 정도가 자기소개에 적절하다.

어떻게 자기소개를 해야 자기 이미지를 더 돋보이게 할 수 있을까?

첫째, 반드시 자신의 이름을 말해야 한다. 이때 이름을 기억하기 좋게 삼행시를 하거나, 본인의 짧은 슬로건을 넣어서 또박또박 전달하도록 한다.

예를 들면 이렇다.

"내 이름은 박찬호입니다. 이름으로 삼행시를 지어보겠습니다. 박! 박수를 많이 받는 사람, 찬! 찬사를 많이 받는 사람, 호!

호감을 많이 받는 사람입니다."

"'맡은 일은 끝장을 내라'는 각오로 사업하는 김대철입니다."

둘째, 모임에 왜 왔는지 말해야 한다. 모임에 참석한 이유를 말하다 보면 모임의 다른 참석자들과 비슷한 점이 많이 드러난다. 고향, 학교, 취미, 경력 등이 유사할 가능성이 매우 높다. 공통분모가 있으면 사람들은 급속하게 공감대를 형성한다. 이렇게 해서 격의 없이 친숙하게 대화를 주고받을 수 있다.

셋째, 모임에 대한 긍정적인 메시지와 함께 자신을 잘 부탁한다고 말한다. 자기소개라고 해서 자기 이야기만 하는 사람은 하수다. 마무리 단계에서 꼭 모임의 긍정적 측면에 초점을 맞춰 칭찬하자. 칭찬 화법구사를 통해 이 모임, 단체에서 기대되는 긍정적인 부분을 언급하자. 지금 자신이 하는 일과 연관지어서 자연스럽게 말하는 것이 효과적이다. 그리고 나서 자신을 잘 부탁한다는 말로 마무리하자.

예를 들면 이렇다.

"참석하신 분들이 모두 훌륭하신 분들이라서 너무 영광입니다. 그럼 저를 잘 부탁드리겠습니다."

이 세 부분을 각각 10~15초씩 나누어 배정한 후, 시나리오를 작성해서 연습해두자. 그러면 어떤 모임에서든지 자신 있게 자기 이미지를 돋보이게 하는 자기소개를 할 수 있다. 기존의 모임과 성격이 다른 모임에 초대되었다면 자기소개 시나리오를 조금씩 변형해서 말하면 된다.

잊지 말아야 할 것은 모임에 참석한 사람들이 상대에 대해 그다지 궁금한 게 없다는 점이다. 그러니 꼭 필요한 정보만 시간에 맞춰 전달하도록 하자.

다음은 같은 아파트에 입주한 사람들끼리 〈배드민턴 동아리〉를 추진하는 모임에서의 인사말이다.

"안녕하십니까? 저는 ○○○동 ○○○호에 사는 ○○○입니다."
(소속과 이름을 밝힘)

"제가 오늘 이 자리에 참석하게 된 이유는 출근하면서 입구 게시판을 보니 배드민턴을 좋아하는 사람들이면 모이자는 홍보물이 붙어 있기에 그걸 보고 참석했습니다."
(이 모임에 왜 왔는지 이유를 설명-홍보물을 보고 온 사람들과의 공감대 형성)

"와서 보니 운동을 좋아하는 분들이라서 그런지 굉장히 분위기가 활기차 보이고 좋습니다."(긍정 메시지-칭찬)

"저는 이 동아리가 우리 아파트 입주민끼리 친목을 도모하고 개인적으로 건강관리를 할 수 있는 멋진 모임이 되면 정말 좋겠습니다. 잘 부탁드립니다. 감사합니다."(마무리 인사)

품격 있고
재치 있는
건배 제의
ABC

건배 제의는 모임에서 사람들을 단합시키며 나를 각인시키는 소중한 기회다. 또 다른 사회생활, 비즈니스를 이어갈 수 있는 촉매제가 건배 제의다. 사회생활을 많이 해온 분에게는 건배 제의가 친숙하지만 사회 초년생들에게는 익숙하지 않은 게 사실이다.

건배 제의를 잘하기 위해선 우선 건배의 의미부터 짚고 넘어가는 게 좋을 듯하다. 건배란 서로 술잔을 부딪치면서 잔을 비우자고 요구하는 구호다. 건배 문화는 우리나라 전통문화가 아니라 외국에서 들어온 문화다. 원래는 누군가를 기리기 위해서 허공에 대고 외치는 행위였다. 세월이 흐르면서 서로가 술에 독을 타지 않았다는 걸 확인하는 차원에서 하는 의례가 되었다. 지금은 화합과 단결을 위해서 행하는 술 문화가 되었다.

언젠가부터 우리의 술 문화에 건배 제의가 자리 잡았다. 주로 삼행시나 압축된 단어로 건배사를 외치는 게 유행이 되었다. 건배사의 대표적인 구호로 예전부터 널리 알려진 용어는 '위하여'다. 이는 1세대 건배사이다. '위하여'와 '우리는 하나'라는 건배사는 공생과 협동을 강조하는 의미가 있다.

2세대에는 '빠삐용(빠지거나 삐치거나 따지면 용서하지 않는다)' '오바마(오래 바라는 대로 마음먹은 대로)'가 유행했다. 이 용어의 특징은 삼행시로 언어유희를 한다는 점이다. 3세대에는 '명품백(명퇴조심, 품위유지, 백수방지)' '멘붕(만날 붕붕 뜹시다)'이 유행했다. 여기에는 불황 시대의 애환과 함께 이를 극복하려는 의지가 담겨 있다.

회식자리나 연말, 연초 각종 모임에서 뜻하지 않게 건배 제의를 받게 된다. 이때 아무런 준비를 해두지 않으면 당황하게 된다. 언제 어떤 자리에서든 건배 제의를 능숙하게 하려면 ABC를 기억하라. 여기서 ABC는 매혹적(Attractive), 간단히(Brief), 명료하게(Clearly) 하라는 뜻이다.

첫 번째 A는 '매혹적(Attractive)으로 하라'이다. 매혹의 사전적인 의미는 '남의 마음을 홀리어 사로잡음'이다. 사람들과 지속적인 관계를 이어나가려면 상대의 마음을 사는 일이 매우 중요하다.

어떻게 하면 매혹적으로 건배 제의를 할 수 있을까? 외모

(Appearance)와 태도(Behavior)가 중요하다. 모임의 성격에 맞는 패션으로 외모를 연출하는 건 기본이다. 그 다음은 태도다.

매혹적인 태도를 위해 다음을 참고하자.

우선 주저 없이 본인 잔을 채워 들고 일어나서 건배사를 하기 좋은 곳에 자리를 잡는다(모든 사람이 보이는 곳으로 이동). 이때 술잔의 높이가 중요하다. 술잔을 가슴 위쪽으로, 심지어는 머리 높이까지 드는 사람이 있는데 이는 결례다. 술잔의 높이는 가슴과 허리의 중간 정도가 좋다. 그것이 보기에도 좋고, 보는 사람들에게 안정감을 준다.

그 다음, 술잔을 잡고 서서 밝은 표정으로 시선을 자연스럽게 좌에서 우로, 앞에서 뒤로 처리하며 건배사를 준비하면 된다.

두 번째 B는 '간단히(Brief) 하라'이다. 건배제의를 청했더니 거의 행사의 인사말 수준, 또는 축사하는 것처럼 장황하게 시간을 사용하는 경우가 있다. 또 자리에 있는 한 사람, 한 사람을 다 언급하면서 건배사를 길게 늘이는 경우도 있는데 이는 적절하지 않다. 다른 사람의 시간을 빼앗기 때문이다. 건배사는 혼자 하는 게 아니라 여러 사람들이 순서대로 일정한 시간에 하는 것이다. 건배사를 장황하게 하면 자기 이미지가 실추될 뿐만 아니라 행사 전체의 분위기를 망칠 수도 있기 때문에 주의해야 한다. 짧은 시간을 엄수하는 게 매우 중요하다.

세 번째는 C는 '명료하게(Clearly)하라'이다. 건배 제의에서 하는 말은 거의 정형화되어 있다. 이것에 준해서 하고 싶은 말을 하면 명료하게 전달된다.

다음 네 가지 단계를 참고하면 좋다. 첫 번째는 감사 인사하기. 두 번째는 모임, 행사에 맞는 스토리텔링을 정리해서 짧게 말하기. 세 번째는 건배 제의를 하기 전 "주목!"을 외치는 의미에서 잔 채울 것을 주문하기. 네 번째는 선창하는 구호와 후창하는 구호를 알려주면서, 술잔을 높이 들어 앞으로 내밀어주기. 이때 구호는 짧고 간단하게 하는 것이 좋으며, 건배 제의를 하는 사람이 먼저 박수를 유도한다.

많은 사람들에게 자기 매력을 연출하는 자리는 많지 않다. 모임, 회식자리, 행사 등에서 하는 건배 제의는 최적의 기회가 될 수 있다. 이때 자신의 매력을 최고로 연출하는 방법이 바로 방금 살펴본 ABC이다. 이를 자기 것으로 갈고 다듬는다면, 어떤 모임과 행사에 참가하더라도 사람들의 시선을 사로잡을 수 있을 것이다.

단체 출범식에서 건배 제의를 하는 경우를 예로 들어보자.

"오늘 행복한 이 자리에는 ○○○ 기관장님도 계시고, 기라성 같은 선배님들도 계시는데 제가 막내라는 이유로 이렇게 건배 제의를

하는 영광을 얻었습니다. 감사합니다." (감사 인사)

"저는 지금 달리기 출발선에 서 있는 심정입니다. 설레기도 하고 떨리기도 합니다. 오늘 출범하는 우리 단체의 이 위대한 첫걸음을 잊지 않겠습니다." (모임, 행사에 맞는 스토리텔링)

"자, 그러면 여러분 앞에 놓인 잔에 열정을 가득 채워주시겠습니까?" (건배 제의를 하기 전 주목!)

"제가 힘차게 함께 출발하자는 의미로 '준비!'라고 선창을 하면 여러분들은 '출발!'이라고 화합해주시길 바랍니다." (선창, 후창 구호)

"준비! 출발!" (박수 먼저 유도)

누구에게나
호감을 얻는 스피치

첫 번째 원칙 '말하는 목적을 분명히 하라.'

세상의 모든 물건은 목적을 갖고 만들어진다. 세탁기는 의류를 세탁하는
목적으로, 전자레인지는 음식을 데우는 목적으로, 선풍기는 시원한
바람을 내기 위한 목적으로 말이다. 그런데 이 목적을 무시한 채 물건을
사용하면 어떤 일이 벌어질까? 세탁기로 설거지를 하거나, 전자레인지로
옷을 말리거나, 선풍기로 방 청소를 한다면? 상상하기도 싫은 결과가
나올 게 뻔하다.

말하기에서도 목적이 중요하다. 자신이 하는 말의 목적을 세우고, 그
목적에 맞게 말을 해야 한다. 세상에 수많은 말하기가 있는데, 대체로 그
목적에 따라 4가지로 나뉜다.

설득 스피치: 말하는 사람의 의견과 주장에 청중이 동의하도록 하는
스피치다. 선거연설, 영업스피치가 대표적이다. 이 스피치는 온전히
'설득'에 초점이 맞춰져 있다.

정보 전달 스피치: 말하는 사람이 객관적인 정보를 그대로 전달하는
스피치다. 절대 자신의 소신이나 의견을 덧붙이지 말아야 한다.
그렇게 하는 순간, 이 유형의 스피치는 생명력을 상실한다. 강의, 강연,
프레젠테이션, 보고, 뉴스 등이 대표적이다. 객관적인 팩트 전달이

생명이다.

유흥 스피치: 듣는 이에게 즐거움을 주는 스피치다. 예능, 개그 방송에서 연예인들이 웃음을 유발하는 목적으로 하는 스피치이다. 이는 일반인의 경우에도 해당된다. 우스갯소리로 모임의 분위기를 잘 돋우는 사람은 유흥 스피치를 잘하는 사람이다.

격려 스피치: 듣는 이에게 힘을 주고, 동기부여를 해주는 스피치이다. 주례사, 입학식과 졸업식, 시무식과 종무식의 격려사가 그 예다. 이는 목적을 분명히 하고, 잘 준비해야 소기의 목적을 달성할 수 있다.

두 번째 원칙 '청중을 분석하라.'
스피치는 자기만족이 아니라 듣는 이의 만족에 초점을 맞춰야 한다. 따라서 듣는 이에 대해 분석하는 노력을 아끼지 말아야 한다. 스피치에서도 절대적으로 청중이 중요하다. 청중의 귀가 솔깃할 수 있는 콘텐츠를 마련하려면 청중 분석이 필수적이다. 10대에게는 연예인이나 1인 미디어 스타를 이야기의 소재로 삼는 게 좋다. 40대는 정치인, 기업인 이야기를 소재로 하는 게 좋다. 여성에게는 여성에게, 남성에게는 남성에게 맞는 소재를 준비해야 한다. 청중이 가장 듣고 싶어하는 내용이 무엇인지를 파악한 후, 그것을 말해야 한다.

세 번째 원칙 '짜임새 있게 구성하라'

말하기 구성법은 수없이 많다. 자신이 특정 목적으로, 특정 청중에게
효율적으로 전달할 수 있는 구성법을 숙지하면 된다. 통상적으로
청중에게 주제를 쉽게 전달하는 스치피 구성법은 3단계 화법이다. 이는
서론, 본론, 결론의 구성으로 이야기를 전달하는 방식으로 면접, 발표,
보고, 강의 등 다양한 상황에서 사용할 수 있다.
말을 좀 한다고 자만하지 말아야 한다. 어떤 상황, 어떤 사람에게도
호감을 얻는 스피치를 할 수 있어야 한다.
매력적으로 말한다고 사람들에게 인정받으려면 이 세 가지 원칙을 지켜야
한다.

대 한 민 국

대표강사가

되려면_____

명성을 쌓는 데는 20년이란 세월이 걸리지만
명성을 무너뜨리는 데는 채 5분도 걸리지 않는다.
그걸 명심한다면 당신의 행동이 달라질 것이다.

– 워렌 버핏

청중을
장악하는
제복 효과

나는 전국을 무대로 기관, 기업체, 대학교, 고등학교 등 다양한 청중을 대상으로 강의를 하고 있다. 강의장에 도착하면 강의하기에 앞서 대기실에서 잠깐 머문다. 이때 낯선 강사들과 만난다. 몇 번 뵈어서 눈에 익은 분도 있지만, 처음 보는 분도 있다. 수십 년간 강의로 먹고 살아와서인지 나름의 눈썰미가 생겨서 강사들의 차림새만 봐도 프로 강사인지, 초보 강사인지 짐작할 수 있다.

프로 강사들에겐 완벽한 정장이 필수다. 빈틈 하나 없이 깔끔하면서 세련된 복장이 강의 콘텐츠 못지않게 중요하기 때문이다. 우선 완벽한 복장은 강사의 마인드를 잘 단속하는 효과가 있다. 이와 함께 강의 호응도를 높여준다. 아무리 강의를 잘 준비하고 열성적으로 강의를 한다고 해도, 복장에서 조금이라도 어색한 점이 있으면 강의 호응도가 떨어지게 된다.

초보 강사 중에서는 복장의 중요성을 알고 잘 실천하는 강사가 있고, 설령 그걸 알더라도 대충 실천하는 강사가 있다. 복장의 중요성을 아예 모르는 초보 강사들도 있다.

그래서 초보 강사를 한눈에 알아볼 수 있는 것이다. 예전에 한 기관에서 백여 명의 공직자를 대상으로 강의할 때였다. 때는 기온이 33도가 넘어가던 8월 초였다. 대기실에서 한 남자 강사를 만났다. 그는 몹시 더운지 땀에 절은 남방 차림에 헐렁한 마바지를 입고 있었다. 그 모습을 보고 아찔해진 나는 그에게 다가가 대화를 시도했다. 역시나 그는 강의를 시작한 지 한 달도 되지 않은 초보 강사였다. 그에게 어떤 강의를 하는지 묻자 이렇게 답했다.

"저는 웃음 강의를 합니다."

"실례지만 한 말씀 드려도 될까요? 오늘 참석하신 분들이 다 공무원입니다. 그런 만큼 격식 있는 복장을 해야 강의의 호응도가 높을 거라 봅니다. 웃음 강의를 한다고 해도 마찬가지라고 생각해요."

이날 더운 건 나 역시 마찬가지였다. 하지만 마음가짐을 단단히 할 뿐만 아니라 나를 향하는 백여 명의 청중에게 최고의 이미지를 선보이기 위해 종일 정장 차림을 하고 있었다. 물론 폭염이 기승을 부리면 편한 외출복을 입고 강의장으로 이동하는 경우도 있지만, 이때는 정장을 따로 챙긴 후 강의하기 전에 갈아입는다.

　수많은 사람들 앞에서 강의를 하거나 발표를 하는 이에게 복장은 매우 중요하다. '제복효과'라는 말이 있다. 이는 복장에 따라 인간의 행동과 심리상태가 달라지는 것을 말한다. 1979년 미국의 심리학자 존슨과 다우님이 실험을 했다.

　60여 명의 여성에게 백인우월주의 단체 KKK단 복장과 간호사 복장을 입힌 뒤에 문제를 풀게 한 것이다. 그리고 문제가 틀릴 때마다 실험자들이 전기 쇼크 버튼을 눌러 처벌을 하도록 했다. 그러자 간호복을 입었을 때는 낮은 단계의 전기 충격을 준 반면, KKK단 복장을 입었을 때는 높은 단계의 전기 충격을 줬다. 이 실험은 복장의 차이가 한 사람의 행동과 심리 상태를 좌지우지한다는 사실을 알려준다.

　제복은 자신뿐 아니라 타인에게도 영향을 미친다. 메사추세츠 주의 스미스 칼리지의 심리학자 L. 비크먼 박사는 행인을 대상으로 실험을 했다. 일반 시민 복장을 한 사람, 우유 판매원 복장을 한 사람, 경찰복과 비슷한 경비원 복장을 한 사람이 각각 행인에게 똑같은 부탁을 했다.

　그러자 일반 시민 복장을 한 사람의 부탁을 들어주는 비율이 가장 낮게 나왔다. 경비원 복장을 한 사람의 부탁을 들어주는 비율이 가장 높게 나왔다. 경찰복과 비슷한 경비원 복장에서 권위를 느꼈기 때문에 부탁을 순순히 들어준 것이다.

프로 강사가 되고 싶은가? 그렇다면 최고의 콘텐츠와 관련 분야 최고의 경력, 최고의 언변에만 만족하면 안 된다. 일단 복장에서 허점을 보이는 순간, 강사의 마인드가 흐트러지는 건 물론이고 수많은 청중이 고개를 돌려버린다. 완벽하게 준비된 제복은 품위 있는 이미지를 연출하여 청중을 장악한다.

자신만의 필살기로
오프닝
-나는 매너 박수

강의를 잘하기 위해서는 갖춰야 할 요소가 많다. 청중을 확 휘어잡는 설득력이 있어야 하고, 청중이 쉽게 이해할 수 있도록 설명하는 능력이 필요하다. 그리고 공감을 이끌어내는 스피치 능력이 요구된다. 여기에다 획기적이며 창의적인 아이디어로 강의안을 만들어가는 능력이 필요하다. 이게 전부일까?

사실 훌륭한 강의에 꼭 필요한 요소는 강의 의뢰자와 만났을 때부터 요구된다. 그가 원하는 강의가 무엇인지, 어떻게 강의를 진행해야 하는지를 잘 파악해야 한다. 강의 의뢰자가 자상한 어머니처럼 하나에서 열까지 다 알려주지는 않기 때문이다.

나는 하나의 강의를 위해 매번 여러 가지 요소를 종합적으로 고려하고 빈틈없이 준비한다. 이런 점에서 강의는 종합 예술과 같다. 영화를 보통 종합예술이라고도 일컫는다. 한 편의 영화

아는 것만으로는 충분하지 않다. 적용해야만 한다.
의지만으로 충분하지 않다. 실행해야 한다.

- 괴테

가 나오기까지 아주 많은 부분이 필요하다. 시나리오, 연출, 조명, 음향, 음악, 세트, 미술, 연기, 배우, 헤어, 의상, 컴퓨터그래픽 등 이루 말할 수 없을 정도다.

강의도 마찬가지다. 강단에서 강의를 잘하기 위해서는 아주 많은 부분이 필요하다. 어느 정도 말솜씨가 있다고 자만하거나, 콘텐츠가 좋다고 강의안을 대충 만들어 강단에 섰다가는 큰코다친다. 청중과 함께 호흡하고 청중이 호응하는 강의를 절대 할 수 없다.

종합예술인 영화와 같은 강의, 그렇다면 어떻게 강의를 시작하는 게 좋을까? 영화를 참고하면 된다. 흥행에 성공한 거의 모든 영화는 도입부가 확 시선을 잡아끈다는 공통점을 가지고 있다. 도입부에서 관객을 잡아끌지 못하면 실패라고 해도 과언이 아니다.

나는 강의할 때마다 특별한 오프닝을 준비한다. "매너 박수"가 그것이다. 강의를 시작하기 전에 청중이 내 말을 잘 듣고 있는지 파악하는 게 중요하다. 청중이 내 말을 잘 들어야 배정받은 시간에 신바람 나는 강의를 할 수 있다.

청중을 내 말에 집중시키기 위해 효과적인 게 바로 "매너 박수"다. 보통 강의 담당자는 강사를 연단에 세워두고 프로필을 낭독하면서 강사를 소개한다. 그 후 강사는 청중의 박수와 함께 인사를 하고 강의를 시작하게 된다. 그런데 청중의 박수를 가만히 듣다보면 박수가 다 같지 않다는 생각이 든다.

청중(교육생)이 강의를 스스로 찾아 듣는 게 아니라 회사나 단체의 교육 프로그램이라서 억지로 들어야 하는 경우가 있다. 그러면 은연중에 박수 소리로 불만을 표현하기도 한다. 박수를 안 친다든지, 아니면 소극적으로 친다든지, 대놓고 불만스럽다는 듯이 거칠게 치는 사람들이 있다.

이때 나는 그들의 박수 치는 모습을 흉내 내면서 말한다.

"지금 이 자리에서 저에게 이렇게 박수를 치는 건 괜찮습니다. 하지만 다른 곳, 특히 결혼식장 같은 곳에서는 이렇게 박수를 치면 안 됩니다. 박수받는 분에게 실례가 되지 않을까요? 여러분, 이왕 박수 치는 거라면 상대방을 기분 좋게 하면 좋겠죠? 이 자리에서 상대방의 기분을 좋게 하는 '매너 박수'를 알려드리겠습니다."

그러면 청중이 호기심을 가지고 나를 쳐다본다. 나는 TV나 영화에서 박수 치는 장면의 손 모양을 떠올려 보라고 말한다. 주인공, 사모님, 품격 있는 신사 역할을 맡은 배우들처럼 박수 치는 모습을 보여주면 다들 알겠다는 듯이 고개를 끄덕인다.

이때 "조금 전에 제가 받은 박수는 이랬습니다!"라고 하면서 처음에 받은 박수를 흉내 낸다. 그러면 모두 웃음보가 터진다. 그다음, 다 같이 연습 한번 해보자고 하면서 강사인 나를 겨냥해서 손을 올려 '매너 박수'를 치라고 요구한다. 박수 소리가 크고 기분 좋으면 강의 시간을 좀 줄여볼 수도 있겠다고 말한다. 박수 소리가 작거나 마음에 안 들면 강의를 쉬는 시간 없이 꽉

채워서 진행하겠다고 말한다. 그러면 모두가 한마음이 되어 우뢰와 같은 박수를 보내준다.

그 박수를 받았을 때 나는 다시 "환영해 주셔서 감사합니다."라고 정중히 말한다. 그제야 강의 오프닝이 제대로 잡힌 것이다. 청중이 이전과 달리 모두 눈빛을 반짝이면서 내 강의에 집중한다. 그러면 강의를 하는 나는 짜릿한 기분을 느끼면서 자신감 있게 메인 강의를 진행할 수 있다.

청중을 사로잡는 강의를 하고 싶다면 오프닝에 사활을 걸어라. 오프닝에서 실패하면 그 강의는 사장되고 만다. 오프닝으로 '매너 박수'를 유도하면 그 강의는 성공 궤도에 오른 것이나 다름없다.

"매너 박수"가 당신의 트레이드마크가 되는 순간, 당신의 강의에 매력이 더해질 것이다.

내공이 갖춰진
강사의
3P

"어떻게 하면 매력적인 강사가 될 수 있을까요?"

오랫동안 많은 강사를 배출해온 내가 새내기 강사들에게서 가장 많이 받은 질문이다.

얄팍한 인기를 등에 업고 반짝 잘나가는 강사는 많다. 하지만 그런 강사는 수명이 짧다. 강사는 몇 달, 몇 년 하다가 그만두는 직업이 아니다. 평생 직업 시대에 맞게, 능력만 있다면 누구나 원하는 때까지 할 수 있는 직업이다. 여러 곳에서 오랫동안, 꾸준히 찾아주는 강사가 되기 위해서는 어떻게 해야 할까? 무엇보다도 먼저 '매력적인 강사'가 되어야 한다. 청중이 진심으로 나를 매력적인 강사라고 느껴야 한다.

매력적인 강사가 되기 위해서는 갖추어야 할 것이 세 가지 있다. 이는 내가 수십 년 동안 강의하면서 터득한 것이며, 이름난 스타 강사들의 공통점이기도 하다.

　강사의 인성과 철학
　강의 내용과 구성
　강의 진행 방식

　명강의를 하는 매력적인 강사는 이 세 가지 면에서 탄탄한 내공을 갖추고 있다.

　첫 번째는 '강사의 인성과 철학'이다. 아무리 강의 콘텐츠가 좋다고 해도 강사 개인의 인성이 좋지 않고, 철학이 부재하면 큰 호응을 얻을 수 없다. 실제로 강사의 인성 때문에 좋지 않은 일이 생긴 적이 있다.

　벼락 스타 강사로 떠오른 분이 있다. 책이 베스트셀러가 되면서 이름이 전국적으로 알려지고 그를 부르는 곳이 많아졌다. 그러다 보니 그는 어려웠던 시절을 까먹고 초심을 잃어버렸다. 강의를 듣는 청중이 그의 거만함을 피부로 느낄 수 있을 정도였다. 그의 강의에서는 열정도 진심도 느껴지지 않았다. 그 결과 그는 강의 업계를 떠나고 말았다.

　철학 역시 꼭 필요한 요소다. 자신만의 뚜렷한 철학을 갖고 있으면 청중은 반드시 알아본다.

　두 번째는 '강의 내용과 구성'이다. 보기 좋은 떡이 맛있다는

바람이 불지 않을 때 바람개비를 돌리는 방법은
앞으로 달려나가는 것이다.

– 데일 카네기

말도 있듯이, 좋은 강의 콘텐츠는 잘 구성되어야만 청중의 호응을 얻을 수 있다. 분 단위로 치밀하게 강의계획서를 만들어야 한다.

강의 콘텐츠를 도입부, 본론, 마무리의 세 부분으로 나눈 뒤 세부적인 강의 계획서를 작성한다. 그러면 강의 콘텐츠를 효과적으로 소개할 수 있고, 자신감을 가질 수 있으며, 강의의 일관성과 통일성을 유지할 수 있다.

세 번째는 '강의 진행 방식'이다. 강사에게 필요한 자질 가운데 빼놓을 수 없는 부분이다. 스피치와 연기력(제스처), 유머, 스팟 활용 등 강의 진행 능력은 하루아침에 생기지 않는다. 부단히 연습하고 또 연습해야만 탁월한 강의 진행 능력을 가질 수 있다. 스피치는 한 가지 톤으로만 밋밋하게 하지 말아야 한다. 강-약-중간-약 등으로 조절해야 청중의 관심을 모을 수 있다. 획일적인 언어구사는 절대 피해야 한다. 말할 때는 제스처를 적당히 섞어줘야 한다.

유머도 빠뜨리지 말아야 한다. 몇 분 간격으로 한번은 웃겨준다는 생각으로 강의하는 게 좋다.

마지막으로 스팟(Spot)이다. 이는 기분전환을 할 때, 동기부여를 할 때, 피치 못할 사정으로 인해 강사가 지각하게 되어서 교육담당자가 대신 나설 때 발생하는 짧은 시간을 활용하는 방법이다. 이를 통해 주의를 집중시키고 긍정적인 감정을 이끌어내는 심리 연출법이다. 이 역시 단기간에 습득하기 어렵기에 부단히 연습해야 한다.

　누구나 스타강사, 명강사를 꿈꾼다. 전국적인 인지도를 가진 강사가 되고 싶어한다. 그 길은 쉽지 않지만 방법이 없는 것은 아니다. 매력적인 강사가 되기 위해 매일 꾸준히 노력하다 보면 어느 순간 꿈이 현실로 이루어질 것이다.

롤러코스터에
탑승하라,
청중과 함께!

놀이동산에서 가장 인기 있는 놀이 기구 가운데 하나가 롤러코스터(roller coasters)다. 예전에는 청룡열차라고 불리기도 했다. 놀이동산에 가면 쉽게 볼 수 있고 놀이동산에 가지 않더라도 20미터 이상의 높이로 가파르게 우뚝 솟아 있기 때문에 멀리서도 쉽게 눈에 띈다. 하늘과 맞닿은 느낌 때문에 아이들도 좋아한다.

롤러코스터는 높은 위치의 레일 위를 달리며 급선회, 가파른 슬로프 주행, 자리바꿈 등을 하도록 설계되어 있다. 리프트가 열차를 끌고 정상까지 올라간 뒤, 위치 에너지로 레일을 완주하는 방식이다. 특히 360도로 도는 구간에서는 구심력과 원심력이 작용해서 스릴과 재미와 흥미를 느낄 수 있다.

아이가 어릴 때 가족나들이로 놀이동산에 갔는데 롤러코스

그대는 왜 평범하게 노력하는가?
시시하게 살기를 원하지 않으면서.

- 존 F. 케네디

터를 타기 위한 줄이 길게 늘어서 있었다. 그날이 어린이날이기도 했지만 다른 놀이기구보다 유독 사람들이 몰려있었다. 표를 사고 기다리는 내내, 롤러코스터를 탈 생각에 가슴이 두근거렸다.

어느새 우리 차례가 왔다. 드디어 탑승! 안전벨트를 어깨까지 착용한 뒤, 두 손으로 안전바를 힘껏 잡으니 서서히 출발했다. 우리 가족은 롤러코스터에 온몸을 맡겼다. 가장 높은 곳까지 서서히 올라간 롤러코스터는 극도의 긴장과 스릴을 느낄 수 있도록 잠시 멈췄다. 그러다가 갑자기 엄청난 속도로 내리막에서 떨어지듯 달렸고 급커브를 도는가 하면 컴컴한 터널 속을 달리고 오르막 내리막을 수차례 반복해서 다녔다. 시간 가는 줄 모르고 스릴을 즐기는 사이 어느새 출발지점에 도착했다.

이 롤러코스터 이야기는 강사와 발표자에게 많은 시사점을 준다. 한순간도 지루한 틈을 주지 않고 흥분과 재미를 줄 뿐만 아니라, 타기 전부터 벌써 설레게 만들어주기 때문이다. 긴 줄에 서서 기다리는 시간이 아깝지 않고 지루하지 않을 정도다.

수많은 청중 앞에 선 강사 역시 이렇게 해야 강의가 매력 만점이 된다. 청중이 강좌를 신청했다면 그 강좌를 기다리는 동안 가슴이 두근거리는 설렘이 있어야 한다. 그러면서 이런 생각에 빠져야 한다.

'강사가 언제 나타날까? 어떤 모습으로 강단에 설까? 내가 신청한 강좌가 나의 기대와 맞아 떨어질까?'

점차 줄이 줄어들면서 심장의 뜀박질이 빨라져야 한다. 그리고 마침내 강사가 강의장 안에 들어서면, 흥분과 떨림으로 강사를 맞이해야 한다. 강의가 시작되면 강사의 말에 홀린 듯 빨려 들어가서 시간가는 줄 모르고 푹 빠져야 한다. 단 한 순간도 지루할 틈이 있어서는 안 된다. 스마트폰 만지작거리는 틈을 절대 허용해서는 안 된다. 강사는 강의를 밋밋하게 풀어가서는 안 된다.

나는 교육받는 강사들에게 항상 이렇게 강조한다.

"강의하는 내내 청중의 환호와 박수, 공감과 소통, 울음과 통곡을 함께 해야 진정한 강의입니다. 강의는 가슴으로 해야 합니다. 초보 강사나 내공이 적은 강사들이 PPT(파워포인트)에 의존한 채로 입으로 하는 강의를 하고 있어요. 그러면 청중의 외면을 받을 수밖에 없습니다. 강의는 롤러코스터처럼 해야 청중에게 먹힙니다."

그렇다면 매력 만점의 롤러코스터와 같은 강의는 어떻게 하면 될까?

우선, 강의가 이성보다는 감성에 주안점을 둬야 한다. 이론적이고 추상적인 말보다는 시각적 이미지로 감성에 호소하는 게 좋다. 바다 환경 보호를 교육한다면 딱딱하게 도표, 수치를 내세우지 말고, 빨대 꽂힌 바다거북이 사진 한 장을 내세워라.

그다음으로 스토리텔링을 강화하라. 자신의 솔직 담백한 스토리를 과장 없이 소개하라. 그 정직한 이야기에 청중이 울컥

한다. 마지막으로 소통하라. 일방적으로 전달하지 말고, 마당극을 하듯 청중과 말을 주고받아야 한다. 그리고 청중의 반응을 예의 주시하면서 그때그때 적절히 대응해야 한다. 그러면 청중과 강사가 한솥밥이 되어 함께 뜨거워진다.

강사는 5감!
청중은 3감!

한의사가 환자들을 상담할 때 가장 먼저 하는 일이 맥을 짚는 것이다. 이때 맥을 잘못 짚으면 엉뚱한 처방을 내릴 수 있다. 강의도 이와 같다. 강의를 잘하려면 제일 먼저 맥을 잘 짚어야 한다.

강의의 맥이란 무엇일까? 강의의 목적과 그 대상이다. 어떤 목적으로 개설된 강의인지, 강의 수강생이 누구인지를 파악하는 일이 곧 맥을 짚는 것이다. 맥을 정확히 짚어내면 높은 수준의 강의를 할 수 있는 처방이 나온다. 이를 부정확하게 하면 강의가 엉망진창이 되고 만다.

한의사가 처방하는 약에 공통적으로 들어가는 약재가 있다. 바로 감초다. '약방의 감초'라는 말을 들어본 적 있을 것이다. 감초는 항균, 항염증, 면역기능 항진 등의 효과를 내기에 대부분의 한약에 들어간다.

강의 진행에서도 감초와 같은 게 있지 않을까? 어떤 강사가, 어떤 콘텐츠로 강의하든지 상관없이 그것만 있으면 만족도 높은 강의가 될 수 있는 게 무엇일까?

나는 오랫동안 소통, 동기부여, 직장인 마인드, 자기관리, 이미지메이킹, CS교육, 펀 리더십, 스피치, 취업면접 코칭 등 다양한 분야의 강의를 해왔다. 어느 강의 하나 허투루 한 적이 없다. 수강생들로부터 항상 최고의 만족도를 얻어냈다. 이 과정에서 감초와 같은 강의 노하우를 터득했다.

강의 분야, 수강생에 상관없이 이 노하우만 적용하면 수강생들로부터 호감을 사는 강의를 할수 있다. 그게 바로 '강사는 5감! 청중은 3감!'이다. 이것은 한약방의 감초처럼 강의가 확 살아나게 만들어줄 것이다.

구체적으로 소개하자면 다음과 같다.

'강사는 5감' - 강사에게 필요한 자신감, 성취감, 책임감, 신뢰감, 친밀감

'청중은 3감' - 청중에게 줘야 할 예감, 호감, 공감

먼저 '강사는 5감'에 대해 알아보자. 초보 강사는 불안감, 긴장감 때문에 강의를 망치는 일이 적지 않다. 적절한 긴장은 활력소가 되어 강의 완성도를 높이는 데 도움을 주지만, 지나친

인생은 곱셈이다.
어떤 기회가 와도 당신이 제로이면 아무 의미가 없다.
- 나카무라 미츠루

긴장은 강의를 잘 진행하지 못하게 방해한다. 그렇다고 하루아침에 긴장에서 벗어날 수는 없다. 꾸준히 강의를 하면서 여러 번 시행착오를 겪어야 크고 작은 실수에도 얼굴색 하나 변하지 않는 여유를 가질 수 있다.

강사는 무엇보다 자신감을 가져야 한다. 청중을 확 휘어잡는 1등 강사는 모두 자신감이 충만하다. 이를 바탕으로 성취감, 책임감을 가져야 한다. 신뢰감은 자신감뿐 아니라 강사의 경력과 빈틈없는 강의 준비, 매끄러운 강의 진행 실력을 갖추었을 때 비로소 생긴다. 서툴게 강의를 진행하는 강사에게서는 그 어떤 청중도 신뢰감을 얻지 못한다.

친밀감 또한 중요하다. 이것 하나가 일급 강사, 스타강사와 일반 강사를 가른다고 해도 과언이 아니다. 목적의식을 갖고 강의를 하면 다들 높은 수준에 도달할 수 있다. 그런데 결정적으로 청중에게서 친밀감을 얻는 데 실패하는 경우가 적지 않다.

우리 센터에서 교육을 받은 한 여성 강사가 그랬다. 그 강사는 스펙이 뛰어나고 외모도 출중했다. 그녀는 부단한 연습 끝에 인기 강사의 반열에 올랐다. 그런데 지역에서 알아줄 뿐 전국구 강사로 올라서진 못했다. 그녀의 강의를 몇 차례 참관하고 나자 그 이유를 알 수 있었다. 그녀에게 조언을 해주었다.

"강의를 아주 잘하시네요. 강사님에게서 자신감, 성취감, 책임감, 신뢰감을 다 찾아볼 수 있습니다. 그런데 딱 하나 친밀감이 아쉽네요. 청중이 친밀감을 느껴야 일급 강사로 도약할 수 있습니다."

그녀는 강의를 완벽에 가깝게 했다. 하지만 이 때문에 도도하고 차갑게 느껴져 청중이 그녀와 친밀감을 쌓기 힘들었다. 그날 이후, 그녀는 지나친 완벽주의를 버리는 대신 다소 서툴더라도 털털한 이미지를 내세웠다. 그러자 청중이 그녀에게 마음의 문을 열었고, 친밀감이 급속도로 높아졌다.

다음으로 '청중은 3감'을 알아보자. 이는 강사가 청중에게 줘야 하는 예감, 호감, 공감이다. 탁월한 강사는 예외 없이 청중에게 예감, 호감, 공감을 준다. 우선, 단상에 올라설 때 첫인상으로 청중에게 호감을 줘야 한다. 외모를 포함해 경력, 스피치 등 모든 것이 이를 좌우한다.

그 다음에는 청중이 기대감을 갖고 강의에 집중하게 만들어야 한다. 다음에 나올 강의 내용에 대해 궁금증과 설렘이 있어야 강의 만족도가 높아진다. 마지막으로 강의 내내 공감대가 형성되어야 한다. 강사는 콘텐츠를 전하는 역할로 끝내는 게 아니라 수평적 관점에서 청중과 함께 호흡해야 한다. 공감대가 형성되어야 강사와 청중 사이의 벽이 허물어진다. 이렇게 해야만 완벽한 강의가 만들어진다.

완성도 높은 강의, 청중에게서 호감을 얻는 강의를 하려면 어떻게 하면 될까? 한의사처럼 맥을 짚은 후, 그 어떤 강의든 상관없이 감초를 쓰라. 강의의 감초는 '강사는 5감! 청중은 3감!'이다. 비실비실하던 강의를 확 살아나게 해주고 매력적인 강의로 거듭나게 해줄 것이다.

발표는
스티브 잡스
처럼

"어떻게 발표하면 좋을까요? 고객사의 호감을 얻는 방법이 있을까요?"

중소기업 기획실에서 종종 내게 해오는 질문이다. 거액의 수주가 달린 프레젠테이션을 앞두고 내게 도움을 요청해온 것이다. 작은 금액의 계약을 위한 프레젠테이션은 그네들이 알아서 척척 해낸다. 그런데 거액의 계약이 달린 프레젠테이션에서는 나에게 방법을 묻는다.

그때마다 내가 강조하는 건 하나다. 프레젠터는 청중을 열광하게 만들어야 한다는 것이다. 발표를 매력적으로 만들어야 소기의 목적을 달성할 수 있다. 청중을 열광하게 만드는 프레젠테이션을 어떻게 해야 할까? 스티브 잡스의 프레젠테이션을 참고하면 된다. 그는 부단한 노력 끝에 세기의 명프레젠터가

열정과 끈기는 보통 사람을 특출하게 만들고
무관심과 무기력은 비범한 이를 보통사람으로 만든다.

- 와드

되었다. 그는 마치 록 가수처럼 청중의 가슴을 뛰게 만들었으며, 강연장을 열광의 도가니로 만들었다.

스티브 잡스의 프레젠테이션 노하우 10가지를 참고하자.

1. 화제를 제시하라

어떤 주제로 발표하는지 미리 알려줘야 한다. 그래야 청중이 관심을 가지고 발표자에게 시선을 고정한다.

2. 열정을 표출하라

이성적으로, 딱딱하게 말하면 곤란하다. 발표자는 청중의 재미를 책임져야 한다. 따라서 장내 분위기를 띄운 뒤에 계속 그 상태를 유지해야 한다.

3. 윤곽을 보여줘라

본론에 들어가기 전에 본론의 개요를 보여줘야 한다. 본론의 내용이 세 가지로 되어 있다면, 미리 본론은 세 가지라고 언급하자. "지금부터 발표할 내용은 세 가지입니다."

4. 숫자를 의미 있게 활용하라

숫자를 그대로 보여주는 건 아무런 감흥을 주지 않는다. 아무리 큰 수치도 피부에 와 닿지 않으면 별 소용이 없다. 따라서 숫자에 생명을 불어넣어야 한다.

"아이스크림이 연간 400만 개 팔립니다."라고 하는 것보다 "아이스크림이 하루에 평균 2만개 꼴로 팔립니다."라고 하라. 그러면 판매량이 실제보다 더 많게 느껴진다.

5. 잊지 못할 순간을 선사하라

스티브 잡스는 한 발표회에서 들고 있던 서류봉투에서 맥북에어를 꺼냈다. 그만큼 작고 얇다는 의미였다. 청중의 반응은 뜨거웠다.

6. 시각적 자료를 극대화하라

시각 자료는 간결하게 준비해야 한다. 욕심을 부려서 장황하게 설명을 추가하면 지루해지기 때문에 집중도가 떨어진다. 텍스트를 짧게 하고 강력한 한 개의 이미지를 제시해야 한다.

7. 쇼를 하라

IT 제품 발표회 하면 딱딱한 이미지가 떠오른다. 하지만 스티브 잡스의 발표회는 매번 공연과 같았다. 무대를 하나의 공연 무대처럼 준비하고 연출하는 게 필요하다.

8. 작은 실수는 잊어라

프로와 초보의 차이는 실수를 대하는 태도다. 전자는 아무렇지 않게 지나가지만 후자는 미련을 버리지 못해 발목을 잡히고 만다. 따라서 실수에 대한 대처 능력을 갖추어야 한다. 실수조차 하나의 과정으로 삼아 청중의 웃음을 유도하는 배짱을 길러야 한다.

9. 장점을 팔라

청중을 설득하려면 발표 콘텐츠의 장점을 부각시켜야 한다. 단 팩트에 근거해야 한다. 이때 요령이 필요하다. 쓸데없이 단점을 언급할 필요는 없다. 장점만 잘 모아서 소개하면 된다.

10. 연습만이 살길이다

스티브 잡스의 뛰어난 프레젠테이션은 수많은 연습을 통해 만들어졌다. 이제 막 발표를 앞두었다면 되풀이해서 리허설을 해야 최고의 프레젠터로 거듭날 수 있다.

프레젠테이션 노하우는 수없이 많다. 하지만 청중에게 가장 매력적으로 다가설 수 있는 발표 노하우는 딱 하나다. 스티브 잡스의 프레젠테이션이 바로 그것이다. 매력적인 발표를 하고 싶은가? 스티브 잡스처럼 하면 된다.

강의는 3미

-흥미와 재미에 반드시
의미부여

내가 운영하는 교육센터에 한 강사님을 초청해 강연회를 열었다. 강사님을 알게 된 건 서점에서 그분의 책을 보았기 때문이다. 수십 년 동안 고위 교육 공무원으로 근무한 그분은 은퇴 후 인생2막을 열어가고 있었다. 책의 테마는 '잠재력 개발과 효율적인 학습법'이었다.

순전히 그분의 이력과 책만 보고 신뢰감이 생겨 교육센터의 강단에 세웠다. 그분을 처음 뵈었을 때 캐주얼 차림을 했고, 인상이 젊어 보였다. 기대감이 컸다. 수강생은 학부모와 중·고등학생이 대부분이었다. 다들 눈빛을 반짝거리면 강연을 기다렸다. 곧 강의가 시작되었고 한마디 한마디 쉽게 지나칠 수 없을 만큼 값진 콘텐츠로 채워졌다. 초청한 보람을 느꼈다. 그런데 얼마 지나지 않아 실망감이 생겨났다. 그 강사님은 시종일관 성공은 능력과 노력이 아니라 좋은 습관에서 태어난다.
말하자면 습관은 마음의 근력 훈련이다.

- 나카이 다카요시

단조로운 톤으로 고등학교 지리 선생님처럼 답답하게 정보를 쏟아냈다. 수강생들은 이내 스마트폰을 만지는 등 딴짓을 하며 졸기 시작했다.

그분의 강연 콘텐츠는 참으로 알찼는데 수강생들의 반응이 좋지 않았다. 두 시간 강의가 큰 만족도 없이 아쉽게 끝나고 말았다. 이제 막 강사의 길을 걷기 시작한 분이기에 어쩔 수 없지 않았나 생각했다.

나 역시 그분과 같은 시절이 있었다. 새내기 강사 시절, 긴장한 나머지 아나운서처럼 무미건조하게 강의를 이어갔다. 며칠 동안 준비한 강의 자료를 한 개도 빠뜨리지 않고 수강생들에게 전달하고자 했다. 그래야 수강생에게 호감을 얻고 만족도가 높은 강의가 되는 줄 알았다. 착각이었다.

매번 좋지 않는 강의 피드백이 나왔다. 재미가 없다, 지루하다, 집중이 되지 않는다, 다신 수강하고 싶지 않다. 누구보다 열심히 강의 준비를 하고 또 열성적으로 강의한 나로서는 충격이 이만저만이 아니었다. 뒤늦게 내 강의에 부족한 점이 있다고 인정한 후, 내로라하는 스타 강사의 강의를 청강했다. 유명한 강사라면 강연장이 어디든 찾아가서 강의를 들었다.

얼마 지나지 않아, 내 강의에서 부족한 점이 무엇인지 깨달았다. 고위 교육자 공무원 출신 새내기 강사의 강의에서도 부족했던 것. 그것은 바로 유머였다.

스타 강사의 강의에는 어김없이 웃음이 넘쳐났다. 어떤 주제로 강의하든 강사가 청중을 지루하게 내버려두는 법이 없었다. 도입부에서 빵 터뜨리는 건 기본이고, 본론에서도 몇 분 단위로 빵 터트렸다. 그리고 결론에서 한두 번 더 웃음을 유발했다. 이러니 청중이 딴짓을 하거나 졸음에 빠질 수가 없었다. 그 강의가 높은 평가를 받은 것은 물론이다.

이를 계기로 유머에 대한 공부에 매진했다. 그러던 어느 날, 유머법 강의로 유명한 모 강사가 이렇게 조언해 주었다.

"유머와 농담을 혼동하지 말아야 합니다. 유머는 농담이 아닙니다. 강사는 농담이 아닌 유머를 해야 합니다. 그리고 왜 강의 시간에 유머를 해야 하는지 궁금하시죠? 그 이유는 네 가지입니다. 첫째, 누구나 편하게 강의에 다가가게 하기 때문입니다. 둘째로 스트레스와 불안을 해소시켜 주기 때문이죠. 셋째로 긍정적인 감정을 유도하기 때문입니다. 마지막 이유는 주기적으로 두뇌를 휴식시켜 주기 때문입니다. 그러니 반드시 유머를 활용해 생동감 넘치는 강의로 만들어 보세요."

이제 내 강의에서 유머가 없는 건 상상도 할 수 없다. 기업인, 교육자, 학부모, 직장인, 대학생 등 다양한 청중 앞에서 그들을 배꼽 잡게 할 수 있다. 유머는 유머를 위해 하는 게 아니다. 강의가 확 살아나도록 조미료처럼 필요한 게 바로 유머다. 유머가 있기에 내 강의는 수많은 청중에게 매력적으로 다가가고 있다.

프로 강사로서 나는 새내기 강사들에게 유머 사용법을 가르치는 입장이 되었다. 강사 교육 과정에서 유머 기법은 필수과정이다. 새내기 강사들에게 강조하는 건 다섯 가지다.

1. 긴장감을 버려라.

웃기려고 하다보면 지나치게 긴장하게 된다. 그러면 더더욱 유머의 효과가 떨어진다. 유머가 실패할 수도 있다는 생각으로 여유를 갖는 게 좋다. 그러다보면 의외로 빵빵 잘 터진다.

2. 청중의 성향을 파악하라.

교육자에게 금기시되는 유머 소재가 있듯이, 여학생들에게 금기시되는 유머 소재가 있다. 청중의 성향에 맞는 유머 소재를 선택해야 한다. 직장인 대상 강의에서 크게 터진 유머 소재가 대학생, 주부에게 통할지는 미지수다.

3. 자신을 소재로 활용하라.

신문이나 책에서 혹은 예능 프로에서 봤던 것을 그대로 반복하면 효과가 적다. 이를 참고하여 자신의 것으로 만들어보면 어떨까? 청중은 강사가 망가지는 모습을 보면 웃음을 참지 못한다.

4. 모델을 선정하라.

강사 중에서 유머를 잘하는 분을 모델로 삼아라. 그가 하는 표정, 동작 등을 그대로 모방하는 것부터 시작해도 좋다. 벤치마킹할 모델이 있으면 유머 실력이 금방 늘어난다.

5. 많이 보고 들어라.

독서를 많이 하는 것은 물론 강연도 자주 참석하라. 이를 통해 새로운 정보와 함께 유머 소재를 발굴하라. 유머 소재는 한정되어 있지 않다. 많이 보고 들을수록 참신한 유머 소재가 무궁무진하게 쏟아질 것이다.

기억에
남는
"아…그 강사"

"대표님, 기업체 프레젠테이션을 하게 되었는데 노하우 좀 알려주세요."

나에게 교육받은 모 강사의 요청이다. 그는 강의를 제법 잘해왔기에 강사로서 자리를 잡았다. 강의에 관한 한 나에게 더 배울 게 없었다. 그런데 기업체 프레젠테이션을 맡으면서 긴장이 되었는지 내게 조언을 구했다.

사실 알아서 잘할 게 분명해서 조언할 게 별로 없었다. 그래도 한 가지 꼭 강조하고 싶은 것이 있었다. 발표는 뛰어난 언변만으로 성공하기 힘들다는 점이 바로 그것이다.

뛰어난 말솜씨와 재치로 기업 강의, 대중 강의를 해온 강사라도 기업체 프레젠테이션에는 부적합할 수 있다. 여러 가지 특별한 노하우를 갖추어야 하기 때문이다. 이는 그 강사가 스스로 알아서 터득할 터였다.

단 한 가지 예외가 있었다. 그에게 말했다.

"특히 발표할 때는 청중의 시선을 사로잡을 시각 이미지를 잘 준비해야 합니다. 아무리 탁월한 언변으로 발표를 진행하더라도 잘 만들어진 시각 자료가 없으면 발표의 설득력이 떨어지게 돼요. 백 마디 말보다 한 개의 강력한 시각 이미지를 잘 준비하세요."

그렇다고 시각 자료의 비중이 높아지는 건 곤란하다. 발표의 중심은 어디까지나 발표자에게 있어야 한다. 그런 가운데 발표의 흐름을 보여주고 내용의 이해를 돕기 위해 적절한 시각 자료를 활용하라는 말이다. 청중의 시선이 프레젠터에게 고정되는 것을 전제로 하여 시각 이미지를 적절히 사용해야 청중에게 호감도 높은 발표를 할 수 있다.

이에 대한 흥미로운 연구 결과가 있다. 미국 위스콘신 대학에서 시각 자료를 사용해서 강의와 발표를 한 경우와, 시각 자료 없이 강의와 발표를 한 경우를 연구했다. 그 결과 시각 자료를 활용한 쪽에서 더 긍정적인 결과가 나왔다. 강의의 경우 학습 효과가 20% 향상되었으며, 발표(프레젠테이션)의 경우 개념 설명에 소요되는 시간이 40% 단축되고 의사 결정의 정확성이 높아진 것이다.

창의적 교수법의 창시자 밥 파이크 또한 시각 자료의 중요성을 강조한다. 그에 따르면 강의를 좀 한다는 하는 강사들이 저지르는 실수 가운데 가장 치명적인 실수가 바로 시각 교재의 미숙한 사용이라고 한다. 시각 교재가 강의의 흥미와 집중도를 배가시킬 수 있기 때문이다.

실제로 그는 발표시에 시각 자료를 잘 활용하는 것으로 유명하다. 어느 날은 프레젠테이션 직전에 유아용 신발 한 짝을 단상 위에 걸어놓았다. 자연스레 청중의 시선이 그것으로 향했다.

그의 의도는 학습이 아이가 걸음마를 배우는 것과 유사하다는 점을 상기시키려고 한 것이다. 백 마디 말 대신 아기 신발 한 짝으로 하고 싶은 말을 다 한 셈이다.

밥 파이크에 따르면 시각 이미지의 효과는 다섯 가지다.

강력한 전달 효과
집중력을 높이는 효과
이해도를 높이는 효과
확실한 설득 효과
기억력을 높이는 효과

시각 이미지가 얼마나 대단한지 보여주는 대표적 사례가 있다. 정주영 회장이 조선소를 건설하려고 외국 기업 대표에게 차관을 얻고자 할 때였다. 아시아 변두리 국가의 일개 기업가

였던 그는 혈혈단신 영국으로 건너갔다. 거물급 기업 대표와 간신히 만났지만 정 회장이 아무리 차관을 달라고 요청해도 상대가 눈썹 하나 까딱하지 않았다.

그때 준비해간 이미지를 보여주었다. 거북선이 그려진 5백 원권 지폐였다. 그러면서 정 회장이 말했다.

"우리나라는 영국보다 300년이나 먼저 철갑선을 만들었소. 이미 1500년대에 철갑선을 만들어 외적을 물리쳤단 말이오."

지폐에 그려진 철갑선의 생생한 이미지를 본 영국 기업인은 놀라운 표정을 지었다. 아시아 소국에서 온 기업인을 다시 보게 되었다. 이윽고 5백 원권 지폐의 거북선에 신뢰감을 가진 영국 기업인은 망설임 없이 차관을 승인해주었다.

청중의 가슴을 파고드는 매력적인 발표를 하고 싶은가? 그렇다면 비수 같은 시각 이미지를 잘 준비하라. 발표하는 중간 중간에 비수를 날려라. 그 비수를 피해갈 청중은 단 한 명도 없다. 청중은 뻑 간다. 강력한 시각 이미지로 매력적인 발표를 하고 싶다면 다음 세 가지 질문을 꼭 기억하자.

발표하려는 의미를 잘 나타냈는가?
쉽게 알아보게 작성했는가?
전달하고자 하는 핵심 포인트를 알아낼 수 있는가?

프레젠테이션
노하우

프레젠테이션 노하우는 수없이 많다. 하지만 청중에게 가장 매력적으로 다가설 수 있는 발표 노하우는 딱 하나다. 스티브 잡스의 프레젠테이션이 바로 그것이다. 매력적인 발표를 하고 싶은가? 스티브 잡스처럼 하면 된다.

1. 화제를 제시하라

어떤 주제로 발표하는지 미리 알려줘야 한다. 그래야 청중이 관심을 가지고 발표자에게 시선을 고정한다.

2. 열정을 표출하라

이성적으로, 딱딱하게 말하면 곤란하다. 발표자는 청중의 재미를 책임져야 한다. 따라서 장내 분위기를 띄운 뒤에 계속 그 상태를 유지해야 한다.

3. 윤곽을 보여줘라

본론에 들어가기 전에 본론의 개요를 보여줘야 한다. 본론의 내용이 세 가지로 되어 있다면, 미리 본론은 세 가지라고 언급하자. "지금부터 발표할 내용은 세 가지입니다."

4. 숫자를 의미 있게 활용하라

숫자를 그대로 보여주는 건 아무런 감흥을 주지 않는다. 아무리 큰 수치도
피부에 와 닿지 않으면 별 소용이 없다. 따라서 숫자에 생명을 불어넣어야
한다.

"아이스크림이 연간 400만 개 팔립니다."라고 하는 것보다
"아이스크림이 하루에 평균 2만개 꼴로 팔립니다."라고 하라. 그러면
판매량이 실제보다 더 많게 느껴진다.

5. 잊지 못할 순간을 선사하라

스티브 잡스는 한 발표회에서 들고 있던 서류봉투에서 맥북에어를
꺼냈다. 그만큼 작고 얇다는 의미였다. 청중의 반응은 뜨거웠다.

6. 시각적 자료를 극대화하라

시각 자료는 간결하게 준비해야 한다. 욕심을 부려서 장황하게 설명을
추가하면 지루해지기 때문에 집중도가 떨어진다. 텍스트를 짧게 하고
강력한 한 개의 이미지를 제시해야 한다.

7. 쇼를 하라

IT 제품 발표회 하면 딱딱한 이미지가 떠오른다. 하지만 스티브 잡스의

발표회는 매번 공연과 같았다. 무대를 하나의 공연 무대처럼 준비하고 연출하는 게 필요하다.

8. 작은 실수는 잊어라

프로와 초보의 차이는 실수를 대하는 태도다. 전자는 아무렇지 않게 지나가지만 후자는 미련에 사로잡혀 발목이 잡힌다. 따라서 실수에 대한 대처 능력을 갖추어야 한다. 실수조차 하나의 과정으로 삼아 청중의 웃음을 유도하는 배짱을 길러야 한다.

9. 장점을 팔라

모든 발표는 설득을 위해 발표 콘텐츠의 장점을 부각시켜야 한다. 단 팩트에 근거해야 한다. 이때 요령이 필요하다. 쓸데없이 단점을 언급할 필요는 없다. 장점만 잘 모아서 소개하면 된다.

10. 연습만이 살길이다

스티브 잡스의 뛰어난 프레젠테이션은 수많은 연습을 통해 만들어졌다. 이제 막 발표를 앞두었다면 되풀이해서 리허설을 해야 최고의 프레젠터로 거듭날 수 있다.

이미지메이킹에

──────── 성공

하려면 ────────

행복은 생각, 말, 행동이 조화를 이룰 때
찾아온다

– 간디

걸어다니는
회사 광고판
CEO

근래 기업인, 2세 경영인의 이미지메이킹 강의 의뢰가 늘었다. 기업의 오너는 물론 CEO들이 비즈니스맨으로서의 매너, 에티켓과 이미지 관리법을 배우려고 한다. 그들은 바쁜 일정 때문에 늘 시간이 부족한데도 시간을 쪼개서 강의를 듣고 있다.

사실, 기업을 대표하는 CEO에게는 이미지메이킹이 더더욱 중요하다. 한 기업의 최고 수장인 CEO의 일거수일투족이 매스컴에서 화제가 되기 때문이다. 그가 어떤 복장을 했는지, 어떤 표정을 지었는지, 매너가 어떤지 늘 대중의 관심사가 된다. 그래서 최고경영자는 걸어 다니는 광고판이라고 할 수 있다.

그의 이미지가 좋으면 그 회사의 이미지도 좋아진다. 그에 따른 매출 상승도 기대할 수 있다. 반대로 경영자의 이미지가 나쁘면 회사의 이미지도 나빠진다. 매출 감소가 뒤따른다.

CEO가 회사 경영만 잘하면 되지 굳이 본인 이미지 관리에 신경 쓸 필요가 있냐고 하는 분들도 있다. 따로 막대한 마케팅 비용을 들여 홍보, 광고를 하므로 CEO의 이미지까지 관리할 필요가 없다는 것이다. CEO는 대중의 시선이 닿지 않는 기업체 내에서 실적이 오르도록 경영만 신경 쓰면 된다는 주장이다.

정말 그럴까? 그건 오해다. 미국 컬럼비아 대학교 MBA 과정에서 유수의 기업 CEO들을 대상으로 설문 조사를 했다. 질문은 이렇다.

"당신이 성공하는 데 가장 큰 영향을 준 요인은 무엇인가?"

놀라운 답변이 나왔다. 93%가 능력이나 운, 기회 등이 아닌 '매너'를 뽑았다. 성공한 CEO가 되려면 기업의 성공이 전제가 되어야 하는데, 이를 위해 가장 필요한 것이 매너라는 말이다. 그래서 나는 CEO 이미지메이킹에서 매너를 제일 중요하게 여긴다. 이것이 회사의 이미지, 브랜드 평판을 좌지우지할 뿐 아니라 회사 매출에도 영향을 미치기 때문이다.

피부에 와 닿는 사례를 소개한다.

대한항공 전 부사장 조현아의 '땅콩 회항'은 그녀가 쌓아올린 기업인 이미지를 완전히 허물어버렸다. 그녀는 언론과 미디어를 통해 실력 있는 여성 경영자라는 이미지를 쌓아왔다. 승객에게 친절하게 다가가는 경영자라는 이미지도 구축했다. 그런데 이 사건 이후로 그녀는 갑질 기업인의 아이콘이 되고 말았다.

그로 인한 손해가 막대하다. 국내 여론이 악화되어 영업 손실이 생겼고, 국내 1위 항공사 이미지가 실추되었으며, 경직된 조직문화에 대한 비판과 안전에 대한 문제도 제기되었다. 이와 함께 승무원 노조 반발로 노사관계가 악화되었고 서울 7성급 호텔 건립에 차질을 빚었다. 이 모든 결과가 경영자 한 사람의 잘못된 매너로 인해 생긴 것이다. 회사를 대표하는 최고 경영자의 매너가 중요한 이유가 여기에 있다.

프랜차이즈의 성공 신화인 미스터 피자의 정우현 전 회장도 그렇다. 원래 그는 자수성가형 기업인으로서 직원이 주인이 되는 회사를 모토로 기업을 이끌었다. 그래서 대중적으로 좋은 이미지를 갖고 있었다.

그런데 그가 경비원에게 폭행과 욕설을 한 사실이 언론에 알려지면서 이미지가 실추되었다. 그는 자신의 비매너로 경찰에 소환되기까지 했다. 문제는 여기서 그치지 않았다. 가맹점에 대한 갑질까지 연이어 폭로된 것이다. 이것은 미스터 피자 브랜드에 막대한 해를 끼쳤고, 결국 회사의 상장폐지라는 비극으로 끝나고 말았다.

경영자 비매너의 정점인 갑질의 두 가지 사례를 살펴보았다. 만약 이 두 사람이 경영자로서의 윤리의식을 지니고 있었다면, 사람을 배려하고 존중하는 매너를 갖추었다면 그런 일을 겪지 않았을 것이다. 회사의 이미지도 더 좋았을 것이며 매출 또한 순조롭게 이어졌을 것이다. 두 경영자는 매너라는 중요한 이미지 요소를 잘 관리하지 못한 탓에 좋지 않은 결말을 맞이하고 말았다.

나는 최고경영자들에게 다양한 이미지 관리법을 전수하고 있다. 비즈니스 미팅 매너, 식사 매너, 회의 매너, 복장 매너, 스피치 매너 등 다양하다. 이런 것들은 사실 극히 사소한 영역이라고 할 수 있다. 제일 필요한 매너는 타인에 대한 존중과 배려다.

최고경영자의 지위에 있다 보면 저절로 상하 위계 관념에 물들기 쉽다. '자신과 같은 VIP 대(vs) 아래 부류의 사람들'이라는 등식이 대표적이다. 이런 생각에 사로잡히면 아무리 품위 있는 에티켓을 익혔더라도 자기도 모르게 순간적으로 상대방의 인격을 모독하는 행동을 저지르게 된다. 말을 함부로 하거나 거친 욕설이 튀어나오고, 때로는 손찌검도 튀어나온다. 그러고서도 아무런 반성이 없다. VIP이고 최고경영자이므로 당연하다는 생각이 깔려 있기 때문이다.

그래서 최고경영자에게 존중과 배려의 매너가 중요하다. 내가 지속적으로 강조하는 부분이 바로 이것이다.

"와인 마시는 법, 스피치 하는 법, 정장 입는 법보다 중요한 게 존중과 배려의 매너입니다. 초심을 잃지 않고 매너를 잘 갖춘다면, 여러분은 틀림없이 성공한 최고경영자가 될 수 있습니다."

유권자가
선택하는
정치인

여론은 이미지에 의해 좌우된다는 말이 있다. 이는 여론이 실체가 아니라 이미지에 따라 손바닥 뒤집듯이 바뀐다는 의미다. 그래서 정치인은 누구보다 이미지 개선에 큰 노력을 기울인다. 국회의원이 지역구나 국회에서 실제로 어떻게 성과를 낼지 고민하는 만큼이나 대중에게 어떻게 좋은 이미지로 보일 것인가에 많은 시간을 바친다. 이를 이미지 정치라고 한다.

한 정치인이 지역구 서민의 민생을 위해 일 년 내내 땀 흘리며 헌신했다. 그런데 이 정치인은 방송에 나올 때 항상 정장을 입었다. 표정과 말투도 딱딱하고 사무적이었다. 그의 주변에는 늘 정치인, 관료, 재계 거물이 포진해 있었다. 이 정치인에 대한 대중의 반응은 어떨까? 이렇게 나올 게 뻔하다.

"저 정치인은 서민과 거리가 너무 멀게 느껴져. 우리 민생을 돌보지 않을 거야."

반면에 한 정치인은 지역구 민생을 위해 거의 노력한 게 없었다. 하지만 방송을 잘 이용했다. 항상 서민적인 점퍼 차림으로 하고 시장이나 동네 골목에 서 있는 모습으로 방송에 나온 것이다. 늘 미소를 짓고 다니며 말투도 온화했다. 그의 주위에는 시장 상인, 자영업자, 대학생들이 자주 나왔다. 이 정치인에 대한 대중의 반응은 뻔하다.

"저 정치인은 서민을 대변하는 분이야. 저런 사람이야말로 우리 민생을 잘 돌볼 게 분명해."

이렇듯 이미지는 정치인의 생명을 좌지우지할 정도로 중요하다. 만약 국회의원 선거에 두 정치인이 경합을 벌인다면 그 결과는 보나마나다. 그래서 많은 정치인이 자기 이미지를 긍정적으로 포장하고 있다. 정치인은 크게 세 가지 차원에서 이미지 개선에 많은 공을 들이인다. 전문가에 따르면 정치인의 이미지를 구성하는 요소는 크게 세 가지다.

인물 이미지, 이슈 이미지, 정당 이미지.

인물 이미지는 능력, 개성, 말투, 성격, 용모, 지도력을 말한다. 한 정치인의 학력, 외모, 패션뿐만 아니라 표정과 스피치, 제스처, 걷는 모습이 다 포함된다.

이슈 이미지는 가치, 공정성, 대응성, 현실성을 말한다. 한 정치인이 표방하는 정치 이념과 가치, 여론에서 크게 떠오른 문제에 대한 현실적인 대응력을 포괄한다.

정당 이미지는 정당의 통치철학과 정책, 정당 정체성을 말한다. 당이 국회의원을 만든다는 말이 있듯, 아무리 출중한 실력을 갖춘 정치인이라고 해도 소속 정당이 미치는 영향력은 엄청나다.

여기서는 정치인의 인물 이미지에 대해 더 알아보자. 실제로 나는 국회의원 선거에 출마한 여러 정치인의 이미지메이킹을 한 적이 있다. 이때 해당 정치인의 긍정적인 이미지를 극대화하기 위해 심혈을 기울인 결과 좋은 성과를 냈다.

선거에 출마한 정치인이 대중에게 잘 보이기 위해 갖춰야 할 이미지의 요소는 많다. 그중에서 절대적인 비중을 차지하는 이미지 요소가 바로 스피치다. 이를 잘 보여준 정치인이 있다. 그는 실력, 외모, 패션 등 거의 모든 인물 이미지에서 좋은 평가를 받았다. 하지만 유독 한 분야에서는 낙제를 면치 못했는데, 그것이 바로 스피치였다.

어눌하고 우유부단한 말투 때문에 그가 소극적이고, 판단력과 추진력이 약하다는 이미지가 생기고 말았다. 그래서 전문가를 섭외해서 스피치를 보완했고, 우렁찬 목소리로 연설을 할 수 있게 되었다. 그 결과, 결단력 있고 리더십 강한 이미지를 형성하는 데 성공했다.

정치인이 스피치에서 주의해야 할 점은 여섯 가지다.

1. 지나치게 큰 목소리를 피해야 한다.

이는 과거에 웅변조 연설이 유행했을 때에나 유효하다. 지금은 대화톤으로 차분하게 말을 해야 한다. 절대 청중의 고막에 자극을 주지 말아야 한다.

2. 저음으로 낮게 깔리는 목소리는 좋지 않다.

자칫 심각한 인상을 주거나 기분이 좋지 않아 보일 우려가 있기 때문이다. 정치인이 가져야 할 실천력이 부족하다는 이미지를 줄 수도 있다.

3. 부정확한 발음은 곤란하다.

어딘가 모르게 부족한 사람이라는 이미지를 준다. 더 나아가 말하는 내용에 대한 신뢰감까지 떨어뜨리고 만다.

4. 심한 사투리.

지역구 주민에게는 친근감을 높여주지만 전국구를 염두에 둔 대중 정치인에게는 마이너스다. 교양 없고 예의 없다는 인상을 줄 수 있다.

5. 단조로운 톤의 목소리.

메시지의 내용과 말하는 사람의 감정에 따라 목소리 톤에 변화를 줘야 한다. 강조할 부분에서는 크게, 슬픈 내용을 전달할 때는 낮게, 좋은 소식을 전달할 때는 밝고 씩씩한 목소리를 내야 한다.

6. 끝말을 얼버무리면 안 된다.

성격이 급한 사람들이 문장의 마지막을 정확히 발음하지 않고 마무리하는 경우가 있다. 이 역시 나쁜 이미지를 준다. 끝말을 정확히 발음해야 사리가 분명한 사람이라는 이미지를 준다.

정치인은 유권자의 표를 얻는 것이 목표다. 이를 달성하기 위해서는 이미지를 연출해야 한다. 그래서 정치인은 늘 미소를 짓고, 악수를 하고, 서명하기에 많은 시간을 바친다. 스피치도 빼놓을 수 없다. 대중을 사로잡는 말솜씨 하나로 수많은 유권자의 표심을 끌어모을 수 있다.

'처세 능력'이
필요한
직장인

"직장인 이미지는 자기 하기 나름입니다. 노력해서 명품 이미지를 만들면 직장생활이 편해지고, 진급도 빨리할 수 있습니다. 직장인의 이미지는 절대 누가 만들어주지 않아요. 상급자가 머릿속으로 엉뚱한 이미지를 그리기 전에 빨리 조치를 취해야 해요."

기업체에서 일반 직원 대상 이미지메이킹 교육을 할 때 강조하는 말이다. 많은 직장인이 자신의 이미지가 상사에 의해 만들어진다고 생각한다. 상사가 한번 만든 이미지는 고정불변이라고 생각한다. 이는 대단한 오해가 아닐 수 없다.

직장인의 이미지는 자신이 주체적으로 만드는 것이다. 상사는 여기에 따라오게 되어 있다. 상사가 만든 이미지에 끌려가는 직장인은 직장생활에서 수동적이며 소극적으로 변할 수밖에 없다. 더욱이 상사의 이미지에 손발을 맞춰줘야 한다. 얼마나 피곤한 일인가?

직장인 이미지의 주체는 자신이다. 이미지를 개선하기 위해 노력하기만 하면 얼마든지 명품 이미지로 만들 수 있다. 한때 좋지 않았던 이미지도 점차 긍정적으로 바꿀 수 있다. 언젠가는 상사가 가진 선입견도 깨버릴 수 있다.

직장인 이미지메이킹 강의를 할 때 많이 참고한 책이 강혜목의 『당신 문제는 너무 열심히만 일하는 것이다』(팬덤북스, 2011)이다. 제목을 처음 보고 어쩌면 내가 문제일 수도 있겠다는 생각이 들어서 구입하게 되었다. 이 책에서는 오래 버티는 명품 직장인들은 이미지메이킹에 능하다면서 이렇게 말한다.

"이미지메이킹을 하지 않으면 상대는 자신의 주관대로 인식할 수밖에 없다. 하지만 이미지메이킹을 한다면 상대는 결국 당신이 의도한 대로 끌려올 수밖에 없다. 이렇게 상대방의 주관에 제동을 걸기 위해서는 인위적인 이미지 작업이 꼭 필요하다."

평생직장이 사라진 시대에 직장에서 오래 버티고, 명품 직장인이 되고, 순조롭게 진급하기 위해서는 이미지메이킹이 필수적이다. 이를 간과해서는 절대 직장에서 살아남기 힘들다. 내가 직장인들에게 누누이 강조해온 이미지메이킹 비법은 5가지다. 이를 구체적으로 소개한다.

1. 깔끔한 복장을 하라

직장생활에서 기본 중의 기본이다. 아무리 야근을 많이 한다고 해도, 또 상사가 편한 자리를 마련하다고 해도 이를 준수해야 한다. 한번 흐트러진 복장을 하면 상사는 직원에 대한 부정적 선입견을 갖게 된다. 나태하다거나 불성실하다는 인식에서 쉽사리 벗어나기 힘들다. 깔끔한 정장은 생존의 필수 도구임을 기억하자.

2. 정중하게 인사하고 사과하라

신입 때는 인사와 사과가 입에서 떠날 줄 모른다. 몇 분 지나지 않아 인사가 나오고, 시도 때도 없이 "죄송합니다!"가 튀어나온다. 예의를 깍듯하게 지키려고 노력하기 때문이다.

그런데 얼마 지나지 않아 시들해진다. 상사를 봐도 못 본 척하고, 업무 실수를 저질러도 변명을 늘어놓기 일쑤다. 그러면서 이를 당연하게 생각한다. 매너리즘에 빠지는 것이다. 상사가 부정적인 이미지를 가질 수밖에 없다.

인사와 사과를 초지일관 입에 달고 살아라. 그래야 예의 바른 이미지를 오래 유지할 수 있다.

3. 나의 직책과 장점을 파악하라

직장인의 이미지메이킹은 직장이라는 조직의 틀 안에서 이루어진다. 따라서 직장인의 직책과 장점 파악이 중요하다. 자신이 맡은 직책과 자신의 장점에 맞는 긍정적인 이미지를 보여줘야 한다. 직책에서 벗어난 이미지 노출은 절대 삼가야 한다. 자신의 임무와 직책을 책임감 있게 소화하는 모습을 보여주자. 이와 함께 나만의 장점을 극대화하여 보여주자. 당신의 이미지가 상사의 머릿속에 깊이 각인될 것이다.

4. 롤 모델을 벤치마킹하라

직장인에게 이미지메이킹을 하라고 하면 구체적으로 어떻게 해야 할지 모르겠다는 반응이 많다. 이때 주문하는 게 롤 모델을 세우라는 것이다. 자신의 직장에서, 혹은 다른 분야에서 선망하는 모델을 세우고 벤치마킹하는 게 도움이 된다. 그의 업무 스타일, 회의 스타일, 스피치 스타일, 걸음걸이, 표정 하나까지 똑같이 따라 하다보면 얼마 지나지 않아 그와 비슷해진다.

5. 적극적으로 자신을 알려라

이미지메이킹의 궁극적인 목적은 자신의 이미지를 타인에게 알리는 것이다. 일종의 홍보와 같다. 이미지메이킹에는 겸손이 통하지 않는다. 누가 대신 나를 알려주겠지 하고 수동적인 자세로 있으면 곤란하다. 자기 이미지는 자기 스스로 만들어야 한다. 기회가 있을 때마다 나서서 자신만의 명품 이미지를 선보여야 한다. 그래야 모든 사람들에게 인정받을 수 있다.

'에티켓과 매너'
모두 필요한
서비스맨

제품을 만드는 회사는 달라도 품질은 대동소이한 경우가 많다. 스마트폰, 패스트푸드, 의류, 가전, 가구 등 제조업부터 호텔 같은 서비스업까지 그러하다. 고객 입장에서는 품질 면에서 특정 제품, 특정 업체를 선호할 이유가 없다. 그렇다면 기업체에서는 무엇으로 고객을 사로잡으려고 할까? 서비스다.

서비스 직원의 활약에 따라 제품 판매의 희비가 갈리게 되었다. 서비스 직원이 고객을 만족시키면 매출이 증가한다. 서비스 직원이 불성실하게 대응해서 고객이 불만족할 경우 매출이 하락한다.

세계적인 패스트푸드 기업 맥도날드는 음식의 품질과 브랜드 인지도 면에서 타의추종을 불허한다. 그런 맥도날드도 한때 고객의 외면을 받아 고전을 면치 못한 시절이 있었다. 전문가가 조사해보니 서비스의 수준이 매우 뒤떨어져 있었다. 버릇없는 직원, 느린 서비스, 더러운 매장, 주문과 다른 음식 서빙 등 뒤떨어진 서비스 탓에 매출 하락을 피하지 못했던 것이다.

월마트는 고객 만족 서비스에 기민하게 대응했다. 본사 임원들이 미국은 물론 전 세계 매장을 주기적으로, 비공개로 방문해서 직원과 고객의 이야기를 듣는다. 이렇게 해서 최전선에서 고객의 소리를 듣고 이를 매장 운영에 반영함으로써 최고의 고객 만족을 이끌어냈다. 이를 위해 임원들은 전체 근무 시간의 70%을 현장에서 보낸다고 한다. 이런 노력의 결과, 월마트는 매년 4000억 달러 이상의 매출을 자랑하고 있다.

이렇듯 기업의 사운을 좌지우지하는 게 바로 서비스다. 현장에서 고객을 어떻게 대하는지에 따라 회사의 운명이 뒤바뀐다. 서비스에 만전을 기하는 기업에만 성공의 왕관이 주어질 것이다. 그래서 서비스를 강조하는 명언이 많다.

"서비스를 개선하자고 말하면 '돈이 없다' '사람이 없다' '무엇이 부족하다'고 말한다. 그렇다면 말해보라. 돈과 사람과 자원이 충분한 시기가 도대체 언제쯤 올 것인가를…
– 사회 평론가 이라쿠니

"고객을 왕처럼 대하라. 당신이 고객을 도와줄 것임을 알려줘라. 고객들은 돈을 쓰러 왔다. 그러니 그들을 만족시켜라."

- CS컨설턴트 버틀리

"종업원은 고객의 마음에 이르는 경로이며, 회사의 고객이 경험하는 그 무엇이다. 종업원을 최우선으로 한다는 것은 관리자들이 주로 직원과 함께 서비스 일선에서 상당한 시간을 함께 보내야 한다는 뜻이다."
- 로젠블루스 여행사 CEO 할 로젠블루스

"고객을 만족시켜라. 처음에도, 나중에도, 그리고 항상!"
- 베네통 회장 루치아노 베네통

"좋은 서비스 역량을 가진 사람을 찾아라. 그리고 그를 교육시켜라. 고객을 경멸하는 습성을 지닌 사원의 기본적인 인성은 교육을 통해 바꿀 수 없다. 무능한 사람은 좋은 서비스를 할 수 없다. 그러니 처음부터 제대로 된 사람을 채용하라! 이것이 우수한 서비스의 비결이다!"
- 비즈니스 코치 존 숄

현장에서 고객과 접촉하는 서비스 직원들은 어떻게 처신해야 할까? 서비스 담당자들은 이미지메이킹을 해야 한다.

서비스 직원이 최고의 고객 만족을 이끌어내기 위한 이미지메이킹 방법은 다음의 15가지 항목으로 정리할 수 있다. 다양한 기업을 대상으로 수행한 서비스 직원 교육을 토대로, 수많은 서비스 관련 서적을 탐독하여 직접 만든 목록이다. 이를 참고하여 서비스의 달인으로 거듭나기 바란다.

1. 진심으로 인사하라.

2. 외모를 단정하게 하라.

3. 명함은 늘 소지하고 다녀라.

4. 시간을 엄수하라.

5. 업무 지시를 분명히 확인하라.

6. 상사와 선배에 경칭과 경어를 하라.

7. 부름에 신속히 대응하라.

8. 악수하는 습관을 길러라.

9. 바른 자세와 당당함을 유지하라.

10. 항상 미소를 보여줘라.

11. 말을 잘 들어줘라.

12. 의사표현을 분명히 하라.

13. 유머를 잃지 말라.

14. 시선을 자주 마주치라.

15. 긍정적인 마음을 가져라.

날개가 없으니
뛰어야 하는
세일즈맨

"당신은 다른 자동차 세일즈맨과는 다르군요. 난 당신처럼 일
하는 사람이 좋습니다."

세계적인 자동차 판매왕 조 지라드에게 고객이 전한 말이다.
완벽한 세일즈맨이라 불리는 그는 15년 동안 1만3,001대의 차
를 팔았고, 12년 연속 세계 기네스북에 올랐다. 이렇게 엄청난
세일즈 실적을 거둔 그의 비결은 무엇일까?

그는 『세일즈 불변의 법칙 12』(안진환 옮김, 비즈니스북스, 2005)
에 자신의 세일즈 비결을 담아놓았다. 그가 활동하던 시대에는
자동차 세일즈맨에 대한 부정적인 선입견이 만연했기 때문에
자동차 판매가 쉽지 않았다. 그런데 이러한 부정적인 이미지를
깨뜨린 덕분에 엄청난 자동차 판매고를 달성할 수 있었다. 그
는 책에서 이렇게 말했다.

"훌륭한 세일즈맨은 불리한 조건을 도전으로 받아들인 뒤, 그것을 유리한 조건으로 바꿀 수 있어야 한다. 고객들이 언변 좋고 사기꾼 같은 자동차 세일즈맨에게 넘어가지 않기 위해 '감시자'를 대동해서 자동차 전시장으로 들어올 때, 나는 그들의 예상과는 전혀 다른 이미지, 즉 고객의 구매를 도와주고 좋은 물건을 소개하는 사람으로 그들을 맞이한다. 나의 신실함과 확신을 대하고 나면 그들은 경계심을 누그러뜨리고 세일즈맨에 대한 거부반응을 거두어들인다. 그들은 나를 어딘가 다른 사람으로 바라본다."

그가 다른 자동차 세일즈맨 달랐던 점은 고객에게 이미지메이킹을 한 것뿐이었다. 다른 세일즈맨들은 오직 판매에만 열을 올렸다. 하지만 그는 고객들에게 친절하게 제품 상담을 해주었다. 세일즈맨 조 지라드의 이미지는 다른 세일즈맨과 확연히 달랐기에 고객은 기꺼이 지갑을 열었다.

세계적인 자동차 세일즈맨의 성공 요인 또한 이미지메이킹이었던 것이다. 그는 사실 35세까지 인생 낙오자였다. 고졸 출신으로 구두닦이, 접시닦이, 난로 수리공, 건설현장 인부 등으로 삶을 연명해왔다. 의욕적으로 시도한 사업마저 망하고 말았다. 그에게 자동차 세일즈는 마지막 카드였다. 그리고 세일즈맨에 대한 이미지를 개선함으로써 큰 성공을 거두었다.

나는 백화점, 보험사, 방문 판매기업체 등에서 이미지메이킹 강의를 해왔다. 현장에서 수많은 세일즈맨을 접하면서 누가 프로 세일즈맨인지를 한눈에 알아낼 수 있었다. 어딘지 모르게 표정에 자신감이 없거나, 자세가 지나치게 뻣뻣하거나, 복장이 다소 부자연스러운 사람들은 어김없이 초보 세일즈맨이었다. 표정에 여유가 넘치고, 자세가 자연스럽고, 복장도 나무랄 데 없이 단정한 사람들은 대부분 프로 세일즈맨이었다. 오직 프로 세일즈맨만이 고객의 마음을 열 수 있다.

강의할 때마다 강조하는 말이 있다.

"세일즈맨의 이미지메이킹은 수익 극대화를 위한 것입니다. 수익을 극대화하기 위해 할 수 있는 방안은 여러 가지이지만 기본 중의 기본이 이미지메이킹입니다. 이미지메이킹을 못하면 판매도 못합니다."

세일즈맨들에게 중점적으로 주문하는 것은 고객과 처음으로 만날 때의 이미지 관리다. 아나운서 뺨치는 목소리, 능수능란한 말솜씨, 연예인 못지않은 외모는 필요하지 않다. 진정성 있게 고객을 대하는 자세를 보여주는 게 제일 중요하다.

다음은 고객과의 미팅 시 첫인상을 좋게 하는 이미지메이킹 방법 7가지다.

깍듯이 인사를 한다.

깔끔한 외모를 갖춘다.

자신감 있는 태도를 보여준다.

고객을 칭찬한다.

다양한 변수를 대비해 치밀하게 준비한다.

즉각적으로 피드백을 한다.

고객에게 감사 표시를 한다.

이중에서도 가장 중요한 것은 자신감 있는 태도다. 자신감을 갖느냐 못 갖느냐에 따라 사람의 인상이 확 달라진다. 아무리 인사를 잘 하고 외모를 잘 가꾸어도, 자신감이 없으면 모든 게 허사다. 그렇다고 자신감이 지나쳐서 고객에게 판매를 강요하는 식이 되어서는 곤란하다. 자신감은 세일즈맨 자신을 잘 다스리는 마음의 자세다.

사실 세일즈맨의 최대의 적은 긴장감이다. 고객이 거절할까봐, 판매 성사가 되지 않을까봐 긴장하게 되는데 이를 효과적으로 제어해야 좋은 이미지를 연출할 수 있다. 이에 대해 전문 세일즈맨의 특급 노하우를 소개한다. 한국판매 연구소의 김재술이 고안한 비법이다. 방문판매의 대가인 그가 말하는 비법은 다음 다섯 가지다.

춘풍미소전법 : 아무런 부담도 주지 않는 부드러운 방문(점포 세일즈맨의 경우 부담을 주지 않는 인상)

제안준비 전법 : 세일즈 목적이 아닌 듯이 방문(점포 세일즈맨의 경우 판매 독촉 삼가)

의견 수집 전법 : "이런 것은 어떻게 생각하십니까?"라며 방문(점포

세일즈맨의 경우 다양한 상품 소개 및 추천)

퇴거 약속 전법 : "딱 10분만 말씀드리고 가겠습니다."라며 방문(점
포 세일즈맨의 경우도 정해진 몇 분만 말한다고 언급하기)

이익강조 전법 : "선생님께 이익이 되는 모 제품을 말씀드리려고
요."라며 방문(점포 세일즈맨의 경우 고객에게 이익을 준다면서 제품을
소개)

세일즈의 성패를 결정하는 건 고객이다. 고객은 무엇으로 예
스(YES), 노(NO)를 판단할까? 고객의 머릿속에 그려진 세일즈
맨의 이미지가 결정적인 요소다. 고객은 친절하고 부담을 주지
않는 세일즈맨을 좋아한다. 이미지메이킹이 당신의 세일즈를
성공으로 인도할 것이다.

여섯 가지만 하라,
여성 직원

여성 직원 대상 이미지메이킹 강의를 자주 하고 있다. 지금은 인식이 많이 바뀌었지만 과거에는 여성 직원은 무조건 예뻐야 한다거나 허리선이 드러난 치마 정장을 입어야 한다는 식의 편견이 있었다. 같은 여자로서, 이런 시대착오적인 관점을 주입하려고 그들 앞에 서지는 않는다.

나는 여성 직원들에게 절대 예쁜 외모를 강조하지 않는다. 예쁜 외모는 내가 아니라 성형외과에서 다루어야 할 것이다. 나는 자신의 이미지를 사람들에게 매력적으로 각인시키는 노하우를 전수하고 있다. 예쁜 외모보다는 자신의 외모를 잘 가꾸고 내면의 아름다움으로 보완하는 것이 중요하다.

실제로 다양한 기업체의 임원을 만나보면 하나같이 이런 말을 한다.

"얼굴 예쁜 여성 직원을 뽑아놔도 직원들에게 별 호감을 얻지 못하더라고요. 반면에 평범한 외모를 가진 여성 직원이 인기가 많고 평판이 좋습니다. 대체로 그렇습니다. 일에 대한 적응력, 직원들과의 친화력, 업무 실적 등 여러 면에 그렇습니다."

이것이 왜 여성 직원에게 이미지메이킹이 필요한지를 말해준다. 여성 직원의 이미지는 예쁜 외모 하나로 결정되지 않는다. 에티켓, 매너, 업무 수행, 스피치, 인간관계에서 노력을 꾸준히 계속해야 만들어지는 것이다. 그래서 평범한 외모를 가진 여성 직원도 부단히 이미지 개선을 하면 인기 만점 직원이 될 수 있다.

여성의 이미지메이킹을 거론할 때 외모가 자주 언급되지만 그런 인식을 바꿀 수 있는 예가 있다. 미녀 배우 김혜수의 마음을 사로잡은 배우 유해진이 바로 그 주인공이다. 모 성형외과 의사의 진단에 따르면, 유해진처럼 돌출형 입모양을 가진 사람은 미소 짓는 인상을 주기 힘들다고 한다. 그런데도 사람들은 어김없이 그의 웃는 얼굴을 기억해낸다. 유해진은 미소 짓기 불리한 얼굴임에도 불구하고, 다른 사람에 비해 몇 배 웃는 연습을 한 것이다. 그래서 누구보다 잘 웃는 이미지를 만들어 냈다. 미녀 배우 김혜수가 그의 웃는 얼굴에 빠진 것은 당연하다.

이렇듯 좋지 않은 외모도 노력을 통해 매력적인 인상으로 거듭날 수 있다. 여성 직원은 아무래도 남성 직원보다 외모에 많은 신경을 쓰곤 한다. 그런데 좋지 않은 외모를 가졌다고 실망할 필요가 없다. 누구나 활용할 수 있는 필살기인 "미소"를 탑재하면 매력 만점의 직원이 될 수 있기 때문이다.

여성 직원들 앞에서 이미지메이킹 강의를 할 때 제일 먼저 강조하는 말이 있다.

"회사가 원하는 여성 직원의 이미지를 파악하는 게 첫 단추를 끼우는 일입니다. 회사는 여러 사람이 모인 조직체이므로 혼자 튀어서는 곤란합니다. 조직에 잘 융화되어야 하죠. 이를 잘 점검해 보면 외모, 패션뿐만 아니라 매너와 에티켓 등에 대한 해답도 얻을 수 있어요."

이런 맥락에서 여성 직원이 갖춰야 할 제일 중요한 이미지 요소가 바로 "미소"다. 미소는 호감과 신뢰를 얻는 첫인상 관리법이다. 에티켓, 매너, 업무 수행 등의 요소가 아무리 좋아도 미소 점수가 낮으면 좋은 이미지가 부각되기 힘들다. 여성 직원의 미소는 가식적이어선 안 된다. 자신의 긍정 마인드를 있는 그대로 보여주는 것이어야 한다. 누구에게나 친절하고, 무슨 일이든 잘할 수 있다는 자신감이 미소를 통해 자연스럽게 드러나야 한다는 뜻이다.

진실한 미소를 갖추었다면 다음의 여섯 가지 이미지메이킹 요소를 갖추어야 한다.

1. 조직 생활에서 책임감을 가져야 한다.

자칫 나약한 사고에 빠지면 의존적이고 수동적이 될 수 있다. 그렇게 되지 않도록 늘 경계해야 한다.

2. 출근시간을 엄수해야 한다.

회사에서는 지각을 삼가야 한다. 물론 어쩔 수 없는 경우도 있겠지만 지각이 반복되면 나태하다는 이미지가 고정된다.

3. 인간관계를 원만히 해야 한다.

상사와 부하 관계, 동료 관계, 거래처 관계 및 고객 관계를 잘해야 한다. 끼리끼리 패거리를 만들지 말고 골고루 인간관계를 만드는 게 중요하다. 어느 인간관계에도 모자람이 없어야 한다.

4. 보고, 회의 시 스피치를 적절하게 해야 한다.

여성이라서 발언력이 약하다고 봐주는 상사는 없다. 자기가 맡은 업무라면 피하지 말고 당당하게 자기 의사를 피력해보자.

5. 직장 내 호칭과 높임말을 깍듯하게 해야 한다.

통상 호칭을 부를 때는 "박 과장님" "김 부장님" 이런 식으로 성에 직함을 붙여야 한다. 높임말의 경우, 듣는 사람과 말하는 대상이 말하는 사람보다 모두 윗사람이면, 그 둘을 모두 높이는 게 원칙이다. 예를 들어 송인옥 강사가 회사에 도착했다는 걸 대표에게 보고할 때는, "대표님, 송 강사님께서 오셨습니다."라고 해야 한다.

6. 전화 응대는 친절해야 한다.

여성 직원이 전화 응대를 하는 경우가 많다. 요즘 기업체의 매출이 전화 응대를 어떻게 하느냐에 따라 결정된다고 한다. 그런 만큼 전화 응대 매뉴얼을 숙지하고 이를 반복 연습해야 한다. 전화 응대 예절의 3원칙은 "감사합니다" "~ 해주시겠습니까?" "죄송합니다만~"이다. 통화할 때마다 이를 반복하면 친절하다는 인상을 줄 수 있다.

여성 직원의 이미지메이킹에서 딱 하나만 강조하라면 미소를 꼽고 싶다. 미소는 여성 직원의 이미지를 상상할 수 없을 만큼 뒤바꿔놓는다. 미소가 습관이 되면 여섯 가지 이미지메이킹 노하우를 반복해서 보고 숙달하자. 그러면 어느 순간 매력 만점의 여성 직원이 되어있을 것이다.

청중과
하나가 되어야 하는
강사

이십여 년 동안 강사들을 교육해왔다. 내가 몸담은 교육기관을 통해 수많은 강사가 배출되었다. 소통 & 동기부여 강사, 조직 활성화 강사, 이미지메이킹 강사, CS 강사, 리더십 강사, 스피치 강사 등등 분야도 다양하다. 강사과정을 수료한 강사들이 지금 전국 곳곳에서 활약을 펼치고 있다. 모두 제 몫을 톡톡히 해내고 있다.

강사를 양성하는 사람으로서 가장 큰 보람을 느끼는 부분이 바로 이것이다. 강사를 양성하는 기관은 대단히 많다. 그들은 하나같이 장밋빛 미래를 표방하면서 예비 강사를 모집한다. 그런데 막상 교육 과정에 들어가면 정해진 일정과 과정에 맞춰서 뚝딱뚝딱, 기계적으로 강사를 배출한다. 공장에서 물건을 만드는 것과 다를 바가 없다. 그건 배출이 아니라 배설이다.

우리 교육기관에서는 현장 경험을 제공한다. 선배 강사의 강의현장을 직접 방문해서 강의를 듣고 서로 피드백하면서 보완하는 시간을 제공하는 것이다. 과정을 이수한 수료생들이 소통할 수 있는 커뮤니티도 있고, 매월 스터디 모임도 한다. 학교로 말하면 졸업생이 모이는 동문회 형식이다. 이와 같이 지속적인 관리를 제공하고, 교육생들이 충분한 수준의 기량을 갖출 때까지 열과 성을 다하는 교육기관은 찾아보기 힘들다.

나는 강사교육을 할 때마다 이미지메이킹을 강조해왔다.

"이제는 누구나 강사가 되는 시대가 되었습니다. 강사 자격증을 갖고 있다고 자만해서는 곤란합니다. 자기 분야에서 시간이 지나도 묻히지 않고 빛날 수 있도록, 이미지메이킹을 잘해야 합니다."

대중에게만 이미지메이킹이 필요한 게 아니다. 대중 앞에 서는 강사들에게 더욱 필요하다. 우리 기관에서는 교육을 수료한 새내기 강사들이 현장에서 강의하는 경우가 빈번하다. 이때 강사 이미지메이킹을 잘 하면 강의 섭외가 꾸준히 들어오지만, 그렇지 않으면 몇 년 후 새로운 강사에게 강의 자리를 뺏기고 만다.

시간이 흐를수록 호감을 주는 강사가 되려면 어떻게 이미지메이킹을 해야 할까? 외모와 복장에 대해서 곳곳에 언급했으므로 생략하고 중요한 사항만 소개한다.

강사를 돋보이게 하는 이미지메이킹 요령은 세 가지다.

첫째, 비언어를 마스터하라.

강사는 목소리를 먹고 사는 사람이다. 따라서 목소리에 따라 이미지가 크게 좌우된다. 기왕이면 듣기 좋은 중저음이 좋지만 그렇지 않더라도 상관없다. 중요한 건 열정적으로 콘텐츠를 청중 한 사람한 사람에게 전달하는가이다. 청중의 수에 따라 목소리 톤을 조절하는 것도 중요하다.

10명 앞에서 강의할 때와 1,000명 앞에서 강의할 때의 목소리가 달라야 한다. 마이크가 도움을 주겠지만 그것만으로는 부족하다. 청중이 많을수록 목소리에 힘을 줘야 한다. 그래야 강의실 뒤쪽에 앉은 청중도 집중해서 강의를 듣는다. 또한 말하는 내용에 따라 저음, 강음, 단음, 약음을 적절히 조절하는 게 좋다. 목소리가 단조롭지 않아야 청중이 흥미를 갖고 집중한다.

다음은 시선과 제스처다. 시선 처리를 어떻게 하느냐에 따라 강의 몰입도가 달라진다. 청중으로 하여금 강사가 자신을 바라보고 있다고 느끼게 해야 한다. 강사는 말을 하면서 청중 한 사람 한 사람에게 3~5초씩 정확하게 시선을 맞춰야 한다.

그리고 손을 적절하게 움직여야 강의의 호소력이 높아진다. 유명 가수들이나 유명 강사들을 보라. 그들은 내용에 따라 절묘하게 손동작을 한다. 그 손동작이 그들의 노래나 강의를 더 감동적으로 만들어준다.

둘째, 전문성을 갖춰라.

얄팍한 지식으로 강사를 하려다간 큰코다친다. 누구나 기억하는 스타강사들은 다들 나름의 전문성을 가지고 있다. 대표적으로 도올 김용옥이 그 예다. 그는 최근 「도올아인 오방간다」에서 스타 강사로서의 자질을 마음껏 뽐내고 있다. 사실 그는 교과서적인 관점에서 볼 때 매우 불리한 면을 가지고 있다. 목소리가 좋지 않은 것이다. 쉰듯하면서도 거칠고 높은 그의 목소리는 치명적인 단점이다. 목소리만으로 볼 때 그는 자격미달이다.

그런데 그에게는 예외적인 게 있었다. 그게 바로 전문성이다. 전직 철학과 교수로서, 한의사로서 그에게는 깊이를 알 수 없는 해박한 지식이 있었다. 그래서 그는 전국적인 스타강사로 우뚝 설 수 있었다.

강사는 단기직이 아니다. 장기직, 곧 평생직이다. 그러므로 미래를 내다보고 남들과 차별화된 콘텐츠로 무장해야 한다. 배우고 또 배우기를 그치지 말라. 무슨 강의, 무슨 분야, 하면 강사 홍길동! 이렇게 탁 떠오르게 만들어야 한다.

셋째, 청중과 소통하라.

강의실에서 강의만 하면 된다고 생각하면 안 된다. 프로 강사들은 오히려 강의하지 않는 많은 시간 동안 청중과 소통하고 있다. 그동안 강의를 들은 청중은 물론이고, 입소문을 듣고 찾아온 청중과 소통하는 일도 게을리하지 말아야 한다.

이를 위해 SNS 소통은 기본이다. 블로그, 카페, 인스타, 페이스북,

카스 등을 연동하여 가능한 많은 청중과 대화를 주고받아야 한다. 그들의 개인사에서부터 진로문제, 강의 피드백, 추천하는 책 등에 대해 시도 때도 없이 소통해야 한다. 이런 과정을 통해 탄탄하게 만들어진 인맥이 강사의 생명을 오래 지속시킨다.

강사로 살아남으려면 이미지메이킹이 필수다. 이를 위해 꼭 해야 할 것은 비언어 마스터하기, 전문성 기르기, 청중과 소통하기다. 이 세 가지로 꾸준히 강사 이미지를 쇄신한다면 대중이 외면하는 일은 생기지 않는다. 언젠가는 반드시 스타 강사로 인정해줄 것이다.

또 하나의
　　스펙 필수!
취준생

"학생은 피부 때문에 면접관에게 깔끔하지 못한 느낌을 줄 수 있어요. 답변을 잘 준비해도 면접관의 시선에 위축될 수 있지요. 좋은 외모가 면접 시 첫인상과 자신감에 큰 영향을 미칩니다. 그러니까 피부과에서 관리를 받기 바랍니다."

대기업 면접을 앞둔 대학생에게 한 말이다. 취업 면접을 대비해 피부 관리를 하라고 주문하면 오해하기 쉽지만 실제로는 전혀 그렇지 않다. 면접에는 첫인상, 즉 외모가 빚어내는 이미지가 매우 중요하다. 면접관은 3초 이내에 합격과 불합격을 결정한다고 한다. 그 기준이 바로 첫인상이다.

실제로 한 통계에 따르면 기업 인사담당자의 76.3%는 면접 때 지원자의 인상 때문에 감점을 한 적이 있다고 밝혔다. 외모가 당락에 영향을 미친다는 말이다. 그 이유는 다음과 같다.

외모가 좋은 사람은 사회 경쟁력이 높다.

외모가 좋은 사람은 자기관리를 잘한다.

외모가 좋은 사람은 실제로 업무수행 능력이 좋다.

이왕이면 보기 좋은 피부가 면접에서 유리하다. 출신학교, 어학점수, 출신지, 학점 등 스펙 정보를 비공개로 진행하는 블라인드 채용 방식이 강화된 요즘은 더 그렇다. 기업 인사 담당자들이 면접자의 외모에 큰 영향을 받을 수밖에 없다. 기운 넘치는 면접자, 인상 좋은 면접자, 미소 짓는 면접자가 더 좋은 점수를 받는 게 당연하다. 이에 따라 많은 면접 지원자가 피부 관리를 받곤 한다.

나는 면접 이미지메이킹 강의와 컨설팅을 수없이 해왔다. 실제 기업 인사담당자들과 모의면접을 진행했으며, 중소기업 사장님을 모시고 실제 면접을 보기도 했다. 그리고 지원자들과 함께 면접을 보기 위해 기관 또는 기업체를 방문하기도 했다. 이 과정에서 나만의 취준생 이미지메이킹 노하우를 정립했다.

가장 먼저 강조하는 부분은 이력서에 들어가는 사진이다. 사진에서 외모를 부각하도록 주문한다. 흔히 면접 당일을 위해 외모를 관리해야 한다고 생각하지만 이는 오해다. 외모 관리는 이력서 작성부터 시작된다는 점을 기억하자. 인사담당자들이 가장 먼저 보는 게 이력서이고 거기 붙은 사진이다. 서류전형의 당락이 결정되기에 만반의 준비를 해야 한다.

이력서 사진에는 네 가지를 강조한다.

귀와 이마를 드러내라.

정장을 입어라.

미소를 지어라.

깔끔하게 피부정돈을 하라(여성의 경우 색조화장을 최소화하라).

그 다음으로 외모 관리를 강조한다. 앞서 언급했듯이 피부, 표정, 머리 등을 단정하게 준비해야 한다. 그후에 강조하는 게 면접 복장이다. 많은 취준생이 면접날 어떻게 입어야 하는지 문의해온다.

정해진 답은 없지만 인사담당자들이 공통적으로 선호하는 스타일은 있다. 1순위는 단정하고 무난한 복장이며 2순위는 회사 업무 특성을 고려한 복장, 3순위는 회사 이미지와 어울리는 복장이다. 이를 잘 참고하기 바란다.

남성과 여성의 면접 복장은 정장차림이 정석이다. 남성의 경우, 검정색이나 네이비색에 버튼 2개가 있는 슈트가 기본이다. 셔츠는 흰색이 기본인데 파스텔 계열의 푸른색, 핑크색 계열도 괜찮다. 대체로 슈트보다 밝은 색상을 선택하는 게 좋다. 셔츠 소매는 재킷 밖으로 1.5cm 정도 나오는 게 보기 좋고 단정한 느낌을 준다. 바지 길이는 구두 위를 살짝 덮는 정도가 무난하다. 참고로 앉아 있을 경우 2버튼은 윗단추를, 3버튼은 가운데 단추를 잠가야 한다.

　여성의 경우 개성적인 연출보다는 지원하는 회사 이미지와의 조화가 더 중요하다. 사무직일 경우 깨끗하고 차분한 패션을 연출하는 게 좋다. 남성과 달리 검은색 톤의 정장보다는 자신의 피부색에 맞는 투피스 정장이 낫다. 재킷은 약간 여유가 있으면서 허리선이 살짝 드러나는 스타일이 바람직하며, 스커트는 무릎길이에 트임이 없는 스타일을 선택해야 한다. 화려한 옷과 과도한 액세서리는 삼가는 게 좋다. 이것으로 외모 준비가 다 되었다.

　추가로 준비해야 할 것은 스피치다. 좋은 외모에 뛰어난 언변이 더해진다면, 인사담당자가 놓치고 싶어 하지 않을 것이다. 면접 시 효과 만점의 스피치 요령은 4장에서도 다룬 PREP 기법이다. Point(핵심 메시지), Reason(근거), Example(사례), Point(핵심 메시지)로 간략하게 예를 들면 다음과 같다.

"결론부터 말씀드리자면 저는 그 의견에 찬성합니다."→Point(핵심 메시지)

"왜냐하면 ~~~ 때문입니다."→Reason(근거)

"예를 들면 ~~~ "→Example(사례)

"따라서 저는 이 사안에는 찬성합니다."→Point(핵심 메시지)

말을 할 때는 말끝을 흐리지 않고 분명하게 말하도록 하자.

이를 위해 입을 크게 벌리고 말하면서 또박또박 발음을 하자. 신문 사설을 소리 내어 읽는 습관을 들이면 많은 도움이 된다.

외모와 스피치가 당락의 결정적인 요소가 되고 있다. 인사담 당자에게 자신의 가장 멋진 이미지를 드러내도록 준비해야 한 다. 실력이 있다고 자만해서는 곤란하다. 단정한 외모와 똑 부 러진 스피치만으로도 합격의 문을 활짝 열어젖힐 수 있다.

1cm만 낮추면
매력 있는
사람

"일에 미쳤다." "욕심을 너무 부린다." 주변 사람들이 일을 좀 줄이라고 말할 때마다 나는 돈 욕심이 많지 않다는 근거로 그 말을 외면했다. 나의 질주는 20년 이상 관성처럼 계속되었다.

"이건 욕심이 아니고 자존심을 지키기 위해서야."

"행복한 대한민국이 되려면 나같은 사람이 꼭 있어야 하는 거야."

나는 스스로 '열심히' 살고 있다는 사실로 자신을 위로하며 달리고 달렸다.

나이와 경력이 더해지면서 모임에서 내 존재감은 더욱 커지고 내 영향력은 점점 확대되었다. 유명세를 탄다는 것에, 점점 어쭙잖은 공인이 되어가는 것에 덜컥 겁이 났고 어떻게 사는 게 '제대로' 사는 길인지 깊이 생각해보자는 의미에서 집필에 들어가기로 마음먹었다. 낮에는 빼곡히 잡힌 강의 일정을 소화하고 매일 밤 자정 넘도록 써 내려간 글이기에 애착이 많이 간다. 강의를 다녀와서 그날그날 느낀 감흥까지 다 담았기에 더 그럴 게다.

책의 내용을 한 문장으로 요약하자면 "1cm만 낮추면 1m 높아진다."라고 할 수 있다. 가장 적절하고 어울릴 만한 표현인데 오래전 어느 기업체에 강의하러 갔을 때 보았던 문구다. 정말 1cm만 낮추면 매력 있는 사람이 될 수 있을 것이라 확신한다.

이 책이 나오기까지 곁에서 힘이 되어준 내 가족, 나의 멘토님께 감사의 마음을 전한다. 특히 바쁜 일정 가운데 현장에서 함께 뛰어준 강사님들에게 눈물겹도록 고마운 마음을 전한다.

그동안 혼자여서 지독하게 외로웠던 길….

또 다른 길 위에서 좋은 인연으로 만나길, 좋은 인연들을 만나길 기대한다.

길 위에 서면 나는 서러웠다.
갈 수도, 안 갈 수도 없는 길이었으므로
돌아가자니 너무 많이 걸어왔고,
계속 가자니 끝이 보이지 않아
너무 막막했다.

허무와 슬픔이라는 장애물,

나는 그것들과 싸우며 길을 간다.

그대라는 이정표,

나는 더듬거리며 길을 간다.

그대여, 너는 왜 저만치 멀리 서 있는가.

왜 손 한번 따스하게 잡아주지 않는가.

길을 간다는 것은,

확신도 없이 혼자서 길을 간다는 것은

늘 쓸쓸하고도 눈물겨운 일이었다.

– 이정하 '길 위에서'

MCS Business Cafe에서